卅载竹枝唱水涯
2015年夏在菖蒲河畔

不知江上青峰外，还入蓬山第几重？

2009年在美国华盛顿

2008年北京诗词学会部分领导成员及工作人员合影。
左起：第一排：石理俊、李玨、赵慧文、王儒、段天顺、张桂兴、刘明耀、邢晓巍；第二排：倪化珺、赵清甫、柳科正、董澍、李树先、郑玉伟、初若兰

与诗词学会驻会诗友郑玉伟、
石理俊、赵清甫郊游

与房山诗友张维新

都覽愛孫自
幼乘英倫今
獲碩冠來合
肥洪洞傳宗
久從古家風
出棟材

玉棟外孫赴英留學
獲碩士學位為東喜賦

外祖父字
甲申之冬

为大外孙段玉栋诗并书

有志丹青折
不回樊笼一
跃将扬眉搏
将不羁灵犀
笔塞纳风狂
带梦飞

送外孙张兴赴法当学

雨天顺
二零零五年
九月

为小外孙张兴诗并书

与老伴孙辈合影

竹枝齋文存

癸巳岁首 刘征

诗稿卷

段天顺 著

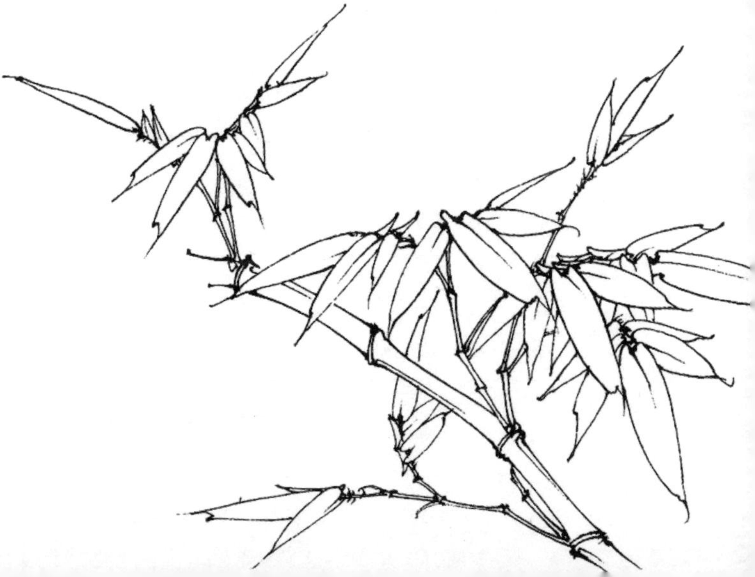

中国书籍出版社
China Book Press

图书在版编目（CIP）数据

竹枝斋文存. 诗稿卷 / 段天顺著. -- 北京：中国书籍出版社，2015.9
ISBN 978-7-5068-5178-7

Ⅰ. ①竹… Ⅱ. ①段… Ⅲ. ①社会科学—文集②诗集—中国—当代 Ⅳ.
①C53②I227

中国版本图书馆CIP数据核字（2015）第230237号

竹枝斋文存. 诗稿卷

段天顺 著

策　　划	吕梁松 李伟成
责任编辑	李 新
特约编辑	张晓霞
责任印制	孙马飞 马 芝
版式设计	和伟红 徐 玲
封面设计	倬艺朗乾（北京）文化传媒有限公司
出版发行	中国书籍出版社
地　　址	北京市丰台区三路居路 97 号（邮编：100073）
电　　话	（010）52257143（总编室）　（010）52257140（发行部）
电子邮箱	chinabp@vip.sina.com
经　　销	全国新华书店
印　　刷	北京旭丰源印刷技术有限公司
开　　本	640 毫米 × 960 毫米　1/16
字　　数	185 千字
印　　张	23
版　　次	2015 年 11 月第 1 版　2015 年 11 月第 1 次印刷
书　　号	ISBN 978-7-5068-5178-7
定　　价	198.00 元（全三册）

卷 首 (之一)

我的履历简述

段天顺，男，北京房山区人，汉族，1932年3月21日出生，大学文化。

1948年12月我在北平河北高中读高一年级就参加了中国共产党。我的入党介绍人是：北平地下党中学委书记黎光和我的同学徐宝纶。上了年纪后，我经常会想念徐宝纶，他是东北人，耿直、有才华，后在北京市委宣传部工作，"反右"时自杀了，很可惜。

入党不久，我担任了地下党领导的学校民主青年联盟支部书记。北平解放后，我继续在河北高中读书，边上学边做建团工作，任学校新民主主义青年团总支书记。

1951年，离高中毕业只剩下三个月，我终止了学业，被组织调到北京市三区任团区工委副书记。严格地说，我连高中都没有毕业。当时，我和大多数青年学生一样把热情都投入到新中国的建设事业了。

1953年8月15日，我与北京团市委干部李桂沉结婚。

1954年4月，我被调到中共北京市委组织部。曾任党群干部处干事、部长秘书、部办公室副主任。直到1966年5月"文化大革命"开始，我在中共北京市委组织部工作了12年。

这段时间，我参加过1954年的审干工作；被派往北京市郊怀柔县和通县参加"四清"工作；在北京东城区蹲点搞商业调查；1957年反右运动中，被划为"中右"。

调到市里工作不久，我即读夜大学，每星期两个晚上，加星期六半天。夜大学由中国人民大学主办，学生都是在职干部。请大学教授讲课，有考试制度。主要学习马列主义经典著作，如《共产党宣言》、《辩证唯物主义与历史唯物主义》、《政治经济学》（苏）、《中国共产党史》等。入学时规定学期4年，学到第三年后，赶上"反右"，停止了，但还是给我们发了夜大学毕业证书。

1966年，"文革"开始。中共北京市委作为"针插不进水泼不进的独立王国"是最早被"革命"的对象之一。5月份，我们市委机关干部一律停止工作，集中到市委党校搞"斗批改"，起初还不准回家，不准出校门。我这个曾当过部长秘书、办公室副主任的青年干部自然是被审查的重点。同时，我也必须表态和我的老领导划清界限，参加对他的揭发批判，这中间我虽没做过污蔑诽谤之事，但每次想起还是不免内疚。十几年后，我调任北京市民政局不久，时任市人大常委会副主任的老领导亲自带队来视察工作，听完我的汇报，对我们的工作做了充分的肯定。他对我的信任和鼓励让我感激终生。

"斗批改"进行了三年。1969年，我以"下放劳动干部"身份到北京远郊密云县塘子公社前焦家坞大队，接受贫下中农再教育。我和爱人李桂沉在一个大楼里办公——她也下放了，分配到后焦家坞大队。我们被集体送到密云县，分住在两个大队的集体宿舍。我们的4个孩子，最小的不到6岁，最大的初中还没有毕业，只好留在城里，交给我年近七旬的老母亲照管。

和"五七干校"不同，我们算是插队落户，户口和工资关系都从城市转到了农村，落在我们下放所在的公社。当时我和爱人倒也安心，大不了一辈子当农民了！我们每天和社员一起到地头集合，听从生产队长分配，和社员干一样的活儿；到了吃饭的钟点儿，轮流去农户家"吃派饭"，饭后按规定给农户付饭钱。大约过了半年，社员反映自己都吃不饱，做派饭有困难，就改由下放干部自己做饭了。

我和我爱人一个男组，一个女组。男组两个人，我和一位叫陶杰的老干部，他那时已经50岁了，从延安过来的，下放前是北京市政府办公厅副主任；他身体瘦弱，口腔动过手术，唾液分泌困难，身边总要挎着一只小水壶。女组三个人，其中有位青年教师，正奶着不满周岁的婴儿。两个宿舍隔一条干枯的河沟，走5分钟路就到了。正好男组管挑水，女组管做饭，两得其便，加上一个婴儿，"小日子"就算过起来了。另是一种生活景象。

不久，市里决定每个月下放干部放假4天，回城休假料理家务。一到发工资的日子，先去公社领工资，之后集体乘京承（德）火车奔家，那场景也十分壮观呢！

下放劳动一年后，我被借调到县里写作班子，陆续调来的下放干部还有四五位，任务是为筹建新县委搞调查研究。我们常住在县委招待所，偶尔回村或公社开个会。虽说"调查研究"不过就是唱唱赞歌，但我借此走遍了密云县库南库北的十来个公社，与当地农民广泛交谈，长了不少见识。

大约5个月以后，工作结束，我又回到下放的村庄继续参加生产劳动。

下放的第三年，即1971年初，我被借调到北京市革委会农林组做调研工作。

1971年的下半年，北京市成立疏挖温榆河、北运河指挥部。海淀、昌平、顺义、通县、大兴五个区县近万农民分片开工，指挥部设在顺义泗上村。我在这里干了半年，担任指挥部政治组负责人。

挖河工程完工后，1972年6月，我被正式分配到北京市水利局工作。我的户口、工资等也从农村转入市水利局。这年底，我的爱人也回城了，一家人重新团聚在一起。

我到水利局后，起初任水利管理组负责人，不久明确为水利管理处处长，后又任局办公室主任、副局长、局党组副书记，共时14年。

虽然我做水利工作是组织安排的，但水利于我别有情缘。记得我在小学五六年级时，老师出了一道作文题："家乡的小清河"。那是我最喜欢的一条河。老师把我的作文贴在墙报上，批语是："笔酣墨畅，词句清丽，予有厚望焉。"这个"厚望"一直激励着我。我曾经把考大学的目标定为：天津北洋大学水利系。我最终没能上大学，而是服从组织需要，做了青年团工作。二十年后，当我走进水利局的办公楼时，心里泛起梦想成真的愉悦。

14年间，我如饥似渴地学习水利气象科学知识；我结识了几位中国水利史志学、水利工程技术方面的专家学者，虚心请教；我努力积累实践经验、大量阅读历史古籍和水文资料，渐渐形成自己在水利史方面的一些见解。至十几年后，我出版了第一部书——《燕水古今谈》，第一部诗集——《燕水竹枝词》；我使用的第一个笔名——吴爱水。

1985年，正当我全身心投入水利事业时，组织又调我到北京市民政局任局长。我对组织安排的工作，以"干一行、爱一行"为原则。民政局的业务工作中有一个重要内容，就是救灾救济，正与水利部门相辅相成，我很快进入角色、尽心尽力地转行了。这一干就是8年。

民政8年，正是国家经济政治社会的转型期，各种观念政策法规百废待兴，民政工作也不例外，我必须面对很多新的工作和新的问题。但万变不离其宗：民政工作的主要对象是有特殊困难的人群，或说弱势群体，帮助他们解决困难，行善济困是民政工作者的天职。我相信，只要认真履行这个天职，再复杂的事情也能理顺。我在任期间，在市委市政府的大力支持下，建立起北京市第一所正规的市级公立养老院，第一所残疾儿童福利院，第一所精神病人福利院；扶持起一批残疾人福利企业；解决了民政系统部分护理人员的待遇难题；提出民政文化理念，并倡导和落实以文化意识提升丧葬、墓地的管理和服务水平。

1993年，我在民政局的工作任期届满，开始了北京市人民代表大会常务委员为期5年的工作。期间曾担任市人大常委会委员、副秘书长、代表联络室主任。

1998年，我在北京市人大常委会的任职到期后，又当了一届北京市人民代表大会代表。虽没有具体职务，却要履行代表职责，所以这5年又是格外地忙。有两件事值得记述：

一是我与部分代表联合提出过7项建议和议案，其中恢复菖蒲河的建议得以实施。该河位于天安门以东，多年来形成一条盖上板的暗河。北京市政府采纳了我的建议，于2002年动工恢复，将暗河复为明河，天安门东侧重现园林景观。

鉴于北京护城河的东、西护城河和前三门护城河均已成为暗河，我与几位代表联名提出恢复北京护城河的建议。经市规划部门研究认为：东、西护城河已无法恢复，但恢复前三门护城河可以列入规划，并注明严格控制这一带的建筑规模，不再增加新建筑。

二是我以人大代表和北京水利史研究会会长身份，组织专家学者开展调研与考察，对正在设计施工的水利工程提出建言和议案。如，在全市整治城市河湖工程开始时，我即向市委、市政府的主要领导写信，提出应把工程治理、环境治理与水利文物保护相结合，做出综合治理的规划。此建议得到了市领导的充分肯定和大力推动。

针对最早开始的长河治理工程规划，以北京水利学会的名义，邀请有关专家学者进行了实地考察，对原设计施工方案讨论并提出修改意见，形成《纪要》上报主管领导。不久，有关部门对原规划作了修改，并予实施。

北京通惠河是我国大运河的北端，河道为元代水利专家郭守敬设计，我应邀参与了通惠河古庆丰闸的保护、改建工程方案的审定。工程完工时，我应邀撰写碑文，记述古庆丰闸改建始末。此碑现立于庆丰闸遗址左岸。

2004年，我正式办理了离休手续。

"平生事业为孺子，拣得余闲理诗文。"这两句诗写照出我人生的两个重要内容：在繁忙的行政领导工作之余，兼顾我的文史志趣。有两件事值得一记：

之一，参与《北京地方志》志书编写，担任副主编。

我于1980年担任北京市水利局副局长时，即根据国家水利部的部署，开始主持编写北京的《水利志》。那时，修志在北京市还不普遍，我们是全市第一个开展编志工作的局级单位。

1987年北京市编纂史志工作正式开始，我担任编纂委员会委员、《北京志》副主编。1998年，除任上述两职外，我担任了《北京自然灾害志》主编，组织相关部门成立编写班子。

经过几年努力，此书已经出版，全书约80万字。

我还以副主审的身份，协助主编审定了《北京水利志》、《北京气象志》、《北京民政志》。参加了《北京民俗志》的部分编写工作。

经我校点出版过的水利古籍有：明代《通惠河志》，清代《乾隆永定河志》，清代林则徐著《畿辅水利议》。

另外，经中国水利部批准，为系统出版中国历代水利典籍成立了专家委员会，我被聘为专家委员会委员，并担任部分典籍的编审工作。

之二，主持北京诗词学会工作。

北京诗词学会成立于1988年。1994年，老会长阮章竞80岁了，提出辞职。当时我还在市人大常委会工作，蒙学会朋友推荐，我答应先试试，担任代理会长。一年后，通过选举，我正式担任会长，直到2014年。一共18年。

现在这个社团已经覆盖全市，多数区县都有诗社组织，共计49个，1900百多名会员，经常参加活动的约万余人。学会遵循的宗旨是：群众性，重在学习、交流和传播。1995年出版会刊《北京诗苑》，之后又编辑了《诗词园地》；学会一直坚持举办讲座；鼓励会员采风、服务社会；扶持基层社区开展形式多样的诗词文化活动，每年端午节举办诗会和诗词评选活动；学会还大力倡导诗词写作的精品意识，组织出版优秀诗词作品，培养中青年优秀作者等等。

1994年开始在会员中倡导竹枝词写作，并与京味文化相融合。我先后为学会和基层诗社讲过20多次竹枝词课，撰文数篇，使竹枝词创作在会员和诗词爱好者中蔚为风尚。

我任期内，在学会办事人员中倡导志愿者精神。大家均为离退休人员，待遇微薄，工作精勤，以传承中国古典诗词为己任。在大家的努力下，学会多次被评为北京市先进社团。

18年来，我忙于诗词学会的建设和发展，自己个人的作品不多。前后出版的诗词作品有：《燕水竹枝词》，1993年中国水电出版社出版；《新竹枝词集》，1998年中国作家出版社出版；《北京历代咏水诗歌选》与李永善合作编著，2006年中国水电出版社出版；《竹枝斋诗稿》，2011年中华诗词学会图书编著中心出版。参与主编的诗词选集有《当代咏北京诗词选》（1998年）、《北京清代宣南诗词选》（2005年）、《竹枝词新唱》（2007年）等。

2014年，我82岁了，这一年我结束了所有社会工作，算是告老还家吧。

回首往事，我想起孔夫子的一句话："如日月之蚀焉。"尽管我生活的历史环境不断有战乱和政治动荡，但我的个人史还算简单清楚、一目了然。从团区委到市委组织部到市水利局又到市民政局和人大常委会，可以说都是组织的安排；而北京地方志、水利史和诗词学会、诗词创作则契合了我个人的兴趣爱好与机缘。可以说这一切倾注了我生命中最宝贵的时光和精力，我无愧无悔。

10多年前，我曾为老友写过半阕《念奴娇》，后半阕至今未填，也罢！我这一辈子半为官员，半是书生，暨此足矣：

"敢问白发丹心，关西词客，肝胆皆冰雪。铁板铜琶应犹在，还唱大江东去。天地凭栏，八十不老，万象皆参与。扣弦沧浪，何需频问年月！"

段天顺

2015.5.5

卷 首 （之二）

致 谢

三卷册《竹枝斋文存》终于告罄。我深知，没有朋友亲人的真诚帮助我是无法完成这项工作的，在此我由衷地向帮助过我的各位亲友致谢！

感谢中华诗词学会的吕梁松先生、李葆国先生。他们对这套书的策划和出版倾注了很多心血，提供了有价值的建议。

感谢我的忘年朋友沈毅君、张晓霞夫妇。他们承担了此书很大一部分编辑工作，做了大量繁琐、细致的文字处理，付出的辛苦难以言说。

感谢北京诗词学会的同仁。是他们认真检索我发表过的诗文、整理我的发言录音等，很多文稿的基础性工作都是由他们完成的。

感谢北京市民政局的梁艳女士，北京诗词学会的于秀舫女士，中国社科院的张笑颜女士和我的外孙媳石云婷。她们长期为我的诗稿、文稿和书信做录入工作，有求必应，从不推拖。

我的二女儿段跃负责总编纂，在此一并感谢！

需要说明的是，亲友们对我的帮助都是义务的。他们不要报酬，慷慨相助，默默奉献，让我感激不尽。如果说《竹枝斋文存》的编辑质量尚属优良，正是他们努力的结果。

感谢倬艺朗乾（北京）文化传媒有限公司的装帧设计、排版、校对等工作人员，正是他们精勤的工作保证了全书的印制质量。

段天顺

2015年5月5日

目　录

竹枝斋家苑

附录1：诗友赠诗选

附录2：诗评

竹枝斋吟草

半生风雨伴潮行，梦里乾坤枉记程。
回首夕阳轻自笑，还他一介是书生。

追忆1949纪事诗（二十首）

——为纪念中华人民共和国建国六十周年而作

小　序

一任流光六十年，京都回望尽斑斓。

偶逢耄耋二三老，最忆开国新纪元。

北平和谈签字（五首）

中国人民解放军与傅作义和平谈判，从1948年12月15日开始，先后进行了三次，至1949年1月19日正式签字，和谈成功。

（一）

平津急转战云横，攻占天津围北平；

毛公发布和戎策，喜应开明傅宜生[①]。

【注解】

①应，响应。

傅作义，字宜生。北平解放后，毛泽东主席对傅作义说："你是为人民立了大功的人"。

（二）

历代都城曾火城，干戈不识古文明。

和平代表缘何罪？不幸何宅罹祸横[①]！

【注解】

①原国民党北平市市长何思源是傅作义方面和谈代表。和谈期间何宅遭受国民党反动派炸弹袭击，何的幼女被炸身亡，何本人与家属均受伤。第二天，何思源仍义无反顾继续为和平而奔走。

（三）

戒严军警日巡城，暗哨盯人冬令营；

前夜传来大搜捕，汇文逮走数学生[①]。

【注解】

①人民解放军围城期间，国民党当局为固守北平，全城实行了戒严令，督察执法车日夜巡行。在学校中成立冬令营，派军队进驻组织学生军训，按年级派军人当指导员，学生出校门需请假。全城进行了多次大搜捕。据当时地下党中学委传来的信息，在和谈期间，汇文中学有数名学生被捕。

（四）

"护厂护校"迎解放，串联密访说安防。

绕过藩篱飞步去[①]，　冲寒冒雪请师忙[②]。

【注解】

①藩篱，指盯梢、监视和校门站岗的国民党兵。

②在和谈期间，为做好两手准备，防止敌人破坏，根据北平地下党部署，余曾参加本校护校工作。通过秘密串联，建立护校组织，明确保护重点，争取进步教师的支持和参与。

（五）

艰难谈判一朝成，百万生灵免祸兵。

自古军功非好战[①]，举城奔告庆和平[②]。

【注解】

①自古句，意出自四川成都武侯祠对联。

②和谈签字时，北平城内仍处于傅作义部队戒严状态。喜讯传开，市民喜不自禁，奔走相告，散发传单，张贴标语，以示庆贺。

欢迎人民解放军入城式（三首）

和平签字后，元月22日，傅作义公布和平解放北平问题具体实施方案。随即将20多万城内守军陆续开往城外进行改编。2月3日，人民解放军举行入城式。

当天，余参与组织本校师生在东交民巷西口欢迎解放军入城。

（一）

倾城翘首望云霓，老少欢呼夹道齐。
欲睹雄师啥模样，"美式武器厚棉衣"。

（二）

轩昂队列进古城，"三大纪律"壮军声。
市民翘指称啧啧："不愧人民子弟兵！"

（三）

百姓欢腾心气高，行军两侧涌歌潮。
兴来更有少年仔，爬上军车特自豪①。

【注解】

①参加入城式的部队，有步兵、炮兵等兵种，一些青少年，兴奋地爬上军车，挥舞彩旗。

参加中共北平地下党员大会（五首）

2月4日，中共北平地下党员大会在宣武门国会街北大四院礼堂秘密举行。当时，北平中共地下党员约有3300多人。

（一）

口信飞传送喜风，三千踊跃会南城^①；

相逢把臂无多语，不唤新名喊旧名^②。

【注解】

①国会街属北平南城地区。

②中共北平地下党员中，为了安全和工作方便，许多人都更改了姓名，故称新名。这次北平地下党员胜利会师，到了北大四院就像去了"解放区"，异常兴奋。许多老同学，老熟人乍见都称原来的名字，叫起来亲切；有的不知道改名，也有虽知新名，由于从未见面，今日一见原来相识，所以仍呼原名。

（二）

胜国功臣分外娇，主席台上识英豪。

林叶聂薄彭报告，全把心潮化掌潮^①。

【注解】

①大会从当日下午召开，直到深夜才结束。主席台上出席

的有：东北野战军、华北野战军各位首长和北平市委主要负责同志。记得林彪、叶剑英、聂荣臻、薄一波等讲了话；北平市委第一书记彭真做工作报告。会上还见到久已闻名的华北局城工部部长刘仁同志。与会党员对他们的讲话和报告爆以热烈的掌声。

（三）

心热不嫌冬夜冷，欢声撑破会堂高；

细听聂总温馨语，称赞城工第二条。

【注解】

①毛泽东把党领导的国民党统治区城市反蒋群众运动称为解放战争"第二条战线"。聂荣臻同志讲话中表扬了北平地下党的工作，赞扬长期坚持地下斗争的同志们所取得的成绩，并要求党员要学会掌握中央政策，管理好城市。

（四）

历届书生赴国艰，黎明烽火继薪传。

纵然前季遭摧折，又进CP四少年。

【注解】

①余读书的河北高中，有地下党员近20名参加了这次大会。该校是一所有革命传统的名校，早在"一二·九"爱国学生运动

中就有党的活动，直到北平解放，延续未断。1948年春，虽遭国民党特务迫害，逮捕十数名进步同学，其中有党员，但不久恢复活动。同年秋新学年开始，又增四名党员。其中三人不足18岁，王蒙仅14岁，王后来曾任国家文化部部长、中共中央委员，是当代著名作家。

CP是中国共产党的英文缩写，地下党学生党员常使用此代称。

（五）

人群惊现父容颜^①，跨步流星奔面前。
凝对移时疑是梦，泪花湿了眼镜边。

【注解】

①父亲段西侠，长期从事党的地下工作，在抗日战争和解放战争期间，我们海淀住家是党的地下交通站，但父亲从未向我说过。余考入河北高中后一直住校。为遵守地下党的纪律，也从未对父亲透露过我入党的事。此次大会相遇，父亲惊喜万分。

北平解放后，父亲曾任北京第八中学的第一任校长，终生从事教育工作。

喜闻人民解放军占领南京 (二首)

从中央人民广播电台广播听到：4月22日，人民解放军百万大军渡过长江，4月23日占领南京。河北高中师生听后纷纷跑出教室，欢呼庆祝。

南京是蒋介石国民政府所在地。

(一)

大江咆哮万马来，远遁惊魂黯浙台①。

已是赤旗昭新宇，兴亡送尽旧秦淮。

【注解】

①南京解放时，蒋介石先逃到浙江老家，后去了台湾。

(二)

金陵王气轰然去，峡海澎台不胜愁。

"蒋家天下陈家党"①，都付长江作浪头。

【注解】

①蒋家句,是当时社会的流行话语。

参加天安门广场开国大典 (三首)

1949年9月21日，在北平召开"新政协"大会。毛泽东在会上宣告："中国人民从此站起来了。"10月1日下午3点，北平30万军民齐聚天安门广场，举行开国大典，毛泽东庄严宣布："中华人民共和国中央人民政府成立了"。

余当时是河北高中青年团总支书记，参与组织学校师生在金水桥以南地区参加开国大典。师生手持彩旗，席地而坐，高唱革命歌曲，大会开始后，全场起立。

(一)

艳阳高照彩旗飘，人气沸腾接碧霄。

一声新中国成立，泪涌天安金水桥①。

【注解】

①毛泽东主席宣布"中华人民共和国中央人民政府成立了"，广场人群在大会结束时，涌向天安门前金水桥，与城楼上毛泽东主席等中央领导上下欢呼，群众喜泪涌流。

金水桥位于天安门前，相排有三座。

（二）

弱国人民世代贫，百年沦落作呻吟。

谁人识得今朝泪？雪洗神州屈辱魂！

（三）

金水天安万众欢，人潮泛起望缤缤。

前车有鉴须常问，血泪江山待细看[①]。

【注解】

①看，读平声，堪音。

余 声

承平有味夕阳天，鸿爪雪泥志盛年；

一代风华开国事，教人几度倚栏干！

2009年4月

百年忆母竹枝歌（三十首选十二首）

——纪念母亲诞辰100周年

母亲张玉智，1908年生于北京房山区河东村，1984年逝世。享年77岁。值母亲诞辰100周年，成竹枝歌30首。崇德致远，咏歌母恩。

段天顺恭记

戊子年春

山乡母教（六首选三首）

（一）

年轻妈妈爱唱歌，尤喜"梅花"哼俚歌。

偶有心情抒抑郁，"悲秋"一曲动星河。

【注解】

母亲曾在民国时乡村新式小学读过三几年书。在学校里学过当时流行的"正月里梅花报早春"等歌曲，记得妈和大姐（大伯父的女儿）在书挑子上买过一些民间唱本来唱。《悲秋》是一首古曲，歌词凄婉。后来，母亲去世后，在一个偶然机会，我从一组《民乐古典名曲》CD中，发现这支曲调名为《寒江残雪》。每当我听到这支曲，就想起童年时母亲的歌声。

（二）

贤惠媳妇邻里闻，每听祖母夸娘亲。

"段家三个男孙辈，个个都有养育恩"。

【注解】

三个男孙，指我、天佑和天济。天佑是二伯父的儿子，与我同岁，因其母没有奶，我和他同吃母亲的奶。天济是我同父异母的弟弟，母亲抚养到九岁才离开，视如亲生。

（三）

生逢战乱苦山村，鬼子走了"白箍"频。

母亲携弟带两妹，深山羊圈暂栖身。

【注解】

白箍，指国民党还乡团。日本在卢沟桥发动侵略战争后，不久即占领家乡。母亲曾带我跑到山洞里躲藏。解放战争期间，为躲避还乡团反攻，几次携弟及两个妹妹逃往深山羊圈中过夜，倍受苦难。

新开路摇篮 （十首选五首）

（一）

母携幼妹到京初，缝补浆洗换米蔬。

苦撑数载不言苦，犹勉爱儿好读书。

【注解】

　　北京解放初期，母亲携两个幼妹来京，居住在阜成门外南营房。以缝洗衣服度日，生活异常艰难。但仍勉励我，要我好好读书。

（二）

胡同沧桑二十年，双双儿女育摇篮。

先后两妹成婚去，老了妈妈发鬓斑。

【注解】

　　在新开路居住廿年，我和妻先后生养两儿两女（钢、强、跃、劲），他们都在我母亲的精心抚育下，成长在这条胡同里。两个妹妹也先后在这里结婚。

（三）

常听老母说荣光，儿媳陪临大会堂。

喜遇座旁周总理，一同观赏话家常。

【注解】

　　20世纪60年代初，由妻子桂沉陪同母亲去人民大会堂内的小礼堂观看演出，喜逢周总理和夫人邓颖超前来观看，由于来得稍晚就坐在母亲身旁的座位上，边看演出，边与母亲聊家常。

（四）

勤快精明内外抓，助人为乐四邻夸。

居委会里当治保，远近皆知段大妈。

（五）

人妖颠倒闹"文革"，慈母无端遭诬冤。

挥泪送儿农村去，含辛养教四孙贤。

【注解】

　　在"文革"中，母亲被无端诬为"富农分子"，撤消了居委会治保主任的职务。后来，我与妻双双下放农村，母亲一人在家抚育四个孙辈。

六里屯晚晴 （七首选二首）

（一）

母亲半世爱花草，凤仙茉莉夹竹桃。

年年六里屯居室，蟹爪莲开分外娇。

（二）

老来心事每多牵，花镜图书启智田。

一部《红楼》千载梦，也曾伴过夕阳天。

咏歌母恩 （七首选二首）

（一）

一世艰辛施雨露，儿孙两代各争芬。

百年风雨瞬息过，娘是咱们保护神。

（二）

回想巴西万里航，里约梦里见亲娘。

行前叮嘱殷殷意，醒后怅然泪千行。

【注解】

母亲去世后，多次梦见老人家。1986年，我首次出国，随民政部代表团出访巴西。在里约热内卢，又梦见母亲，殷殷叮嘱，万里牵肠。醒来怅然，泪如雨下。

2008年

深秋登高

1944年深秋，我12岁时，正值家乡被践踏于日本侵略者的铁蹄下，民不聊生，一片凄惨。一日，我与几位同学登山远眺，见满山柿叶，色赤如火，烈烈欲燃，触景生情，口占小诗一首，至今犹记。这是我写的第一首诗，不揣浅陋，志之为念。

十月登高秋意迟，寒蛩哀唱动地悲；

古刹西风凄且紧，霜林如火欲燃时。

1944年

北京八中忆旧（八首）

（一）

一别沧桑五十年，八中新貌耀新天。
抚今难忘宣南路，苦雨飚风忆岁寒。

【注解】

我于1945年秋至1947年夏在四存中学读书，后考入北平市立八中，1948年初中毕业，于今四十八年矣。当时八中是由北平市立第一临中和北平市立初级商业学校合并而成。校址在宣武门外的梁家园。

（二）

扬州会馆百人居，破瓦危房蛛网眯。
最是严冬缺炭火，蒙头个个似鸡栖。

【注解】

两校合并为市立八中后，扬州会馆成为学生集体宿舍。这是一座有二百多年历史的老会馆，住学生一百多人。

（三）

苦读三年夜幕长，床头盏盏闪荧光。

联星堂外清泠月，也伴学人下户廊。

【注解】

联星堂是扬州会馆一座正厅，有清乾隆时期刘墉的题匾。我们初三学生二十余人就住在这里。由于经常停电，学生每人有一盏小油灯，常常苦读竟夜。

（四）

窝头咸菜涮锅汤，学子莘莘体弱黄。

纵有当局施救济，只充半饱哄饥肠。

【注解】

国民党政府曾通过美国救济总署对贫困学生发放面粉，规定三人分两袋面，一袋约重四十斤。

（五）

纷纷三两走胡同，卖票沿门好话穷。

白眼尽遭挥斥去，推销《花落水流红》。

【注解】

1948年夏，市立八中第一届毕业生毕业（初中两班，高中一班），准备出一本纪念校刊。为筹集资金，由毕业生组织起来，三五成群走街串巷卖电影票。记得有一场电影片名《花落水流红》。

（六）

嘈嘈乱世欲其何？《七月》丛刊夜读多。
细语秘传民主场，一时争看"马凡陀"。

【注解】

1948年北平反对国民党反动统治的学生运动日益高涨，对八中学生很有影响。有的同学将进步书刊秘密带进学校中流传。有的同学互相串通到北大民主广场看墙报。《马凡陀的山歌》是袁水拍同志揭露国民党反动派的诗歌集，当时在青年学生中广泛传看。

（七）

壁报满墙民主标，同班三五兴致高。
只缘有句文中刺，幸遇先生许述尧。

【注解】

　　1947年四存学校当局标榜民主，号召各班办壁报。我们初中二班几位同学也兴致勃勃地办起了壁报。不料，我在一篇小文中有反对国民党三青团在学生中搞活动的话，惹出了麻烦。校内国民党、三青团分子声明要找我"算账"，幸有英文老师许述尧先生做工作才得解脱。壁报也不再办了。

（八）

低语温温问有无？紧掏旧币换新蚨。

当时未解慌忙意，背影匆匆入雾都。

【注解】

　　先父段西侠先生曾在八中任国文教员，北京解放后任八中校长。他早年参加革命，在北平做地下工作。1947年春，我那时在四存中学读书。一天清晨，父亲尚未醒来，我从他的衣袋里拿了几张崭新的钱票，准备到校买早点。但当我到校门口时，他也骑车赶到了，带着慌忙的神色问我，新票花了没有？我说，还未花。他高兴地要回了新钱票，随手拿出几张旧票给我，然后匆匆离去。我当时未解其意。北平解放后，他告诉我，新票是党的秘密信件，如果花了，就误大事了。

写于1996年3月

叙旧（四首）

新中国建国初期曾在京城一起工作的老友王蒙、王晋，在1957年蒙不白之冤，后于1979年先后平反。1979年3月，当时王蒙还在新疆工作，适来北京，二友应邀来舍下相聚，相见唏嘘，得小诗四首记之。

（一）

廿载平冤万里驰，京华旧友聚相知。

唏嘘把臂无多语，共道观音赐柳枝。

（二）

十年水火庆余生，屈指存亡数旧人；

欲问安危何所系？"浮沉进退且从容"。

（三）

摩肩携手话当时，时笑时羞复有痴；

莫道流年双鬓染，苍生犹唱《柳如眉》。

（四）

鱼尾纹深发亦疏，华年不待志难除；

留将锐气争朝夕，引领风骚写雄图。

1979年3月

【注解】

四首小诗寄给王蒙后，同年4月10日，接到蒙兄回信。信中说："来信收到，华章诵悉，浮想联翩，唏嘘不已。可惜我文债高筑，穷于应付，未能酬答唱和，甚憾。……春意料峭，北京冷，塞外更冷，春风不度玉门关。写此信时，塞外寒风似雪，银装素裹，室内炉火熊熊，故人几千里，边疆十六年，合乎？分乎？运乎？看来浮沉有定，非人力，不可勉强，我们总算躬逢盛世，不枉此生了。焚香祷告，惟安定团结四字。

最近忙些什么？读华章，觉得吾兄在经济基础与官场中仍不失诗心，故人之情，拳拳之意可感。"

大约同年夏，王蒙夫妇正式调回北京，当时暂住于崇外光明楼。我去看望他，他紧紧握住我的手，高声说道："唏嘘把臂无多语，共道观音赐柳枝！"我惊异于他的好记性。

2010年补记

送老于

胸有朝阳下密云，"五七"道上识于君；

两年风雨躬耕苦，半载切磋教诲深；

峪口林幽听论道，桃庵泉美沁同心；

春寒料峭无枝柳，倚站同歌"赠汪伦"。

1971年2月

【注解】

　　这是我最早写的一首七言律体诗。老于，即于廉。1969年6月，我们作为北京市下放劳动干部到密云县插队。1970年8月曾与于廉、谭登云、方孜行一起从农村大队调县里搞调研工作，同住一室。老于长我几岁，博学多识，学养丰厚，我以兄长尊之。1971年2月，他先行调市里工作。我们同至密云汽车站送行，时虽春寒料峭，但情谊挚笃，心中火热。老于诵李白"桃花潭水"句见赠，我感而试作《送老于》一首。

　　廿年后，1993年，该诗收入我最早出版的《燕水竹枝词》里。1994年初，于廉同志因病住院，那时他在中华书局主持全面工作。我去医院看望他时，以拙诗集相赠。不久即收到他的回信。信中称："顷奉手示，辱承见爱，惠赐大作《燕水竹枝词》，如晤故人，欣喜何如。阁下志在湖海，谦敬为怀，诵物吟事，雅量高致，实所钦仰。密云南门话别一首，往事历历，意深情挚，雪泥鸿爪，长留思念。……"

　　我读之再三，故人已矣，鸿雪依稀，志之为念。

2010年4月16日补记

勉友人

真金久炼更纯精，跋涉何须怨远程；
细琢山溪穿石水，才知大海有涛声！

1971年

自题扇画

红树染堤头，青山江外幽；
平生湖海志①，不渡子陵舟②。

【注解】

①人称宋代陈元龙"湖海之士，豪气未除"。

②东汉严光（字子陵）曾隐居浙江富春江，后人名其钓处为严陵钓台。

1974年

自　解

无端天火料应难，劫后纷纭起隙嫌；
委曲岂容虚壮岁，蹭蹬偏愿涉泉山；
长沙水暖留迁客，彭泽菊黄唤去官；
买取蔡侯千卷纸，漫研浓墨写元元①。

【注解】

①元元，指平民百姓。

1979年

五十感怀

青春曾负慨平生，华鬓频添志旅程；

似梦云烟空碌碌，如麻犊卷乱蓬蓬；

羡鱼每憾迟编网^①，探骊终忧未驯龙^②；

天命岂言拿云晚，仍从燕水渡新征。

1982年

【注解】

①见《汉书·礼乐志》："临渊羡鱼，不如归而结网"。

②典故探骊得珠，详见《庄子·列御寇》。字面的意思是，在骊龙颔下探得宝珠。

六十初度

辛劳中岁过前尘，步履民苑更溢芬。

笃信"螺钉"失教训，终期"万马"抖精神。

不随青眼攀仙路，但肯寒门助赤群。

老去书生留故癖，自裁诗韵绘绮云。

1992年

七十戏笔

半生风雨伴潮行，梦里乾坤枉记程。

回首夕阳轻自笑，还他一介是书生。

2002年春

结得诗缘染落霞

卅载竹枝唱水涯，秋风吹老鬓生花。

无端一缕飞鸿影，结得诗缘染落霞。

2005年

名心退尽道心生

——读《船山诗草》

学诗重在悟心旌，意象千般养性灵。

读罢"船山"擦浊眼，"名心退尽道心生"。

2008年

答城中诗友

怀水龙山半里余，柳林湖畔起仙居。

城中若问休闲事，小阁芸窗好读书。

2008年

观云治书法

看水归来展墨轴，清风满室浴新秋。

欲借六根张慧眼，遥寻净土渡瀛洲。

【注解】

李云治所书"业净六根成慧眼，身无一物到茅庵"。余嘉其心净气舒，禅缘有悟。

2008年

诗思（二首）

（一）

诗心唯似白云闲，剪理分梳总枉然；

卷地懵腾风乍起，一天轻絮淡如烟。

（二）

思缕无端系短蓬，漫随流水觅萍踪；

不知江上青峰外，还入蓬山第几重？

1990年

十月短歌

1976年10月6日，党中央一举粉碎"四人帮"。消息传开，人们奔走相告，据传，当晚京城多销售了10万瓶酒。

忽报人间"四害"除，春风二度入京都；
家家欢举盈杯酒，十万"白干"一醉无？

1976年10月

天安门金水桥咏史（六首）

（一）

翠带环流出禁城，天安门外玉桥横；
分明一面盈盈镜，鉴古凭今记废兴。

（二）

紫禁城深望翠遥，御沟春水腻香飘；
六宫为博君恩幸，粉渍天安座座桥。

（三）

一脉天光接五云，明清几度历纷纭；
至今桥外石狮子，犹有斑伤记甲申[①]。

【注解】

①金水桥前西侧石狮，腹部有三角型凹伤，相传为李自成进北京大战棋盘街时，用长枪击伤。

（四）

百年国耻愤元元，怒展旌旗卷巨澜；

民主科学真勇士，时人齐赞"马天安"^①。

【注解】

①1919年五四运动时期，学生领袖马骏曾领导群众在天安门与反动政府进行英勇斗争，时人称他为"马天安"。马骏，回族，1895年生，1919年9月与周恩来同志组织"觉悟社"，1920年，加入社会主义青年团，第二年加入共产党。1927年大革命失败后，任中共北京市委副书记兼组织部长，1928年2月壮烈牺牲。

（五）

天安十月响春雷，金水红旗荡曙晖；

卅万军民欢庆日，烟花万点破天飞。

【注解】

1949年10月1日，毛泽东主席在天安门城楼上庄严宣布，中华人民共和国成立，开始了新中国的新纪元。

（六）

尘消风暖艳阳天，五色游鱼引客观；

最近两厢妆翠锦，万人争看彩喷泉。

1982年

香港回归——记香港总督府
降旗仪式（四首）

英国驻香港最后一任总督彭定康于1997年6月30日下午4时30分告别总督府，英国米字旗也最后一次降下，中央电视台播放降旗仪式。

（一）

末任总督五载忙，呕心只在换新汤；

花言自有千般巧，仍是殖民旧药方。

【注解】

彭定康1992年7月担任港督后，精心炮制"三违反"政改方案，想最大限度保持其对将来香港特别行政区政权影响力。

（二）

云暗香江雨洗楼，百年米字正凝愁；

老天似有垂怜意，故作萧萧伴泪流①。

【注解】

①据路透社香港电："彭定康直率地承认，在正式告别过去5年的官邸之际，他要用手帕来拭去泪水。"

（三）

缓缓英旗下地垂，总督心事已堪摧；

逡巡欲解愁滋味，再向空楼绕几回①。

【注解】

①从屏幕上看到英国米字旗降下后，彭定康不忍离去，又坐车在总督府楼院内转了几圈。

（四）

楼前木立正伤神，忽见荆花满港新；

顿悟今天非昨日，卷旗携眷奔英轮①。

【注解】

　　①英国一艘白色汽船，正在香港码头等待彭定康永远撤离香港。

1997年6月30日夜

"九八"抗洪谣（十首）

序

　　九八抗洪，民族一搏；

　　国魂之光，慨当以歌。

生死牌

　　在武汉龙王庙险段堤闸上，悬挂有16名共产党员签字的"生死牌"。牌宽1米，高80公分，赫然写着"誓与大堤共存亡"七个大字。（见8月17日《北京青年报》）

（一）

　　壮语擎天七字铭，抗洪前线作先锋。

　　一牌树起万牌举，十二亿人锁长鲸。

（二）

曾教生死塑人生，重似泰山轻似鸿。

纵有狂涛千钧力，一座红牌一泰峰。

抗洪英雄高建成

空军高炮五团一连指导员高建成，在洪水决堤危急时刻，把生的希望让给他人，把死的危险留给自己，为抢救8名群众和战友英勇献身。中央军委主席江泽民签署命令，授予他"抗洪英雄"称号。（见8月17日《文汇报》）

红旗猎猎送英灵，撼地惊天高建成。

亿万军民齐落泪，敢将一死换群生。

抗洪子弟兵

长江和嫩江、松花江发生洪水后，人民解放军和武警部队投入兵力27.4万人。他们日夜奋战在抗洪抢险第一线，充分发挥了突击队作用。（8月27日《人民日报》）

大军不怕苦和累，钢样人墙铁样臂。

堵口巡逻守前沿，堤当枕头天当被。

罗典苏

湖南岳阳市市委常委、宣传部长罗典苏，在抗洪抢险中昏厥在大堤上。经过六个多小时抢救才苏醒过来。住院数天病情尚未稳定，他又出现在抢险大堤上。（见8月22日《人民日报》）

累倒江堤百姓忧，稍安又赴险堤头；

国人齐赞"罗公仆"，仰看巍巍岳阳楼。

书记六上白沙滩

吉林省委书记张德江六次去被水围困的白沙滩解决灾民困难。为减轻群众负担，他们只喝了半杯水，乡党委要留吃饭，他们执意不肯，仅拿了一根熟玉米，掰成五节，分给随行人员做午餐。（见8月24日《人民日报》）

心连孤岛水粮艰，斩浪冲锋六上滩。

难拒乡亲情意切，一根玉米五人餐。

水利专家

大水压境时，谁拥有水利专家，谁就拥有抗洪的"诸葛亮"。（见8月20日《文汇报》）

百千"诸葛"智谋高，不教洪魔乱"跳槽"。

调水减峰治管涌，土洋结合有奇招。

四代人登台捐款

86岁的薛雯老人率领全家四代17口，在赈灾义演晚会上登台捐款2.3万元。（见8月21日《北京晚报》）

四代同偕献赈金，苍苍白发红领巾。

"同胞受难我同难，率领儿孙表爱心"。

北京妈妈捎口信

张京辉的母亲给抗洪前线儿子捎口信说："你在前线不干得漂漂亮亮就甭回来，得让人知道，北京兵可不是熊包。"（见8月27日《北京晚报》）

燕山儿女重豪侠，勇赴长江锁巨鲨。

父老叮咛多壮语：狂潮不退别回家！

1998年

北京奥运花絮竹枝歌（十二首）

序

奥运来了喜煞人，"鸟巢"门票买难寻。

老夫找个清静地，坐览银屏看更真！

李宁点燃圣火

体操王子胆气豪，携云揽月太空飘。

四十亿人齐仰首，轰然圣火照天烧。

【注解】

　　李宁以独特的太空行走方式，点燃奥运开幕圣火。李宁是我国体坛名将，在世界体坛争战八年，夺得14次世界冠军，人称"体操王子"。据说全世界看开幕式的有40亿人。

题我国女子体操
冠军六人集体照

水葱小将一般齐，头上光环笼发髻。

谁信神州夺冠手，翩翩多是"90"妮①！

【注解】

①六名小将，除程菲20岁，其余17岁1人，16岁4人，都是"90"后出生。

我国运动员囊括
男女乒乓球单打
金、银、铜全部奖牌

三面国旗两次扬，掌声雷起庆容光。

莫言球小无足重，曾引金桥过大洋①。

【注解】

①大洋，太平洋。指20世纪50年代"乒乓"外交，中美建交之举。

"小眯"无敌

自幼多动四川儿，翻腾挪转任高低；

满挂三元金镶玉，无敌名将叫"小眯"①。

【注解】

①"小眯"是我国体操小将们对邹凯的昵称。小将邹凯20岁在我国男子体操团体夺冠后，又拿下自由体操和单杠的个人冠

军，成为北京奥运会金牌获得者的中国选手。

吴静钰①

巾帼生来是武魂，跆拳道里绝技人；

打头高腿无敌手，"三四男人难近身！"②

【注解】

①吴静钰，我国女子跆拳道49公斤级冠军。②第四句是她的教练说的话。

波尔特①（二首）

（一）

百米飞人波尔特，从容"三冠"惊世界；

恰逢双喜廿二春，倾"巢"共祝生日乐！

【注解】

①波尔特，牙买加人，在男子100米、200米和400米接力中获取三金，连破世界记录。时逢波尔特22岁生日，九万"鸟巢"观众为他齐唱生日歌。波尔特高兴地跳起牙买加舞。

（二）

"飞人"群出何门道？媒体纷传各有调。

小波阿爹有一说①："自幼就爱吃山药"！

【注解】

①牙买加屡出世界级短跑名将。小波，指波尔特。

菲尔普斯

"飞人"入水乐开花，连续夺金数到八①。

刚学中国吉祥话，两指一伸笑喊"发"。

【注解】

①美国游泳巨星菲尔普斯，在这次奥运会勇夺八金，创历届奥运之冠。

栾菊杰①

曾记"扬眉剑出鞘"，勇夺金牌创洛奥。

半百雄风未减芒，红旗问候"祖国好"！

【注解】

①栾菊杰，24年前曾在洛杉矶奥运会为中国夺得第一枚击剑金牌，《人民日报》以《扬眉剑出鞘》一文报道。如今，她在半百之年代表加拿大复出北京奥运会参赛，并亮出红色横标问候"祖国好"！

又听宋世雄解说女排之战

又听当年美舌喉，甜、亮、刚、清鼓加油；
一声背飞、短平快，教人怀想"铁榔头"！

中国夺了金牌王^①

奥运作东里外忙，中国夺了金牌王。
万方瞠目多赞语，些许微词也正常。

【注解】

①北京奥运，中国获得51块金牌，为此次奥运会之冠。

志愿者的魅力^①

曾带狐疑"搜"事由，欲将"空气"作"油头"。
热诚待客心田暖，换了"隔阂"赞友俦！

【注解】

①据美国《芝加哥论坛报》载称：一个志愿者足以改变一个游客的感受。这是我从一周的各种经历中领会到的许多东西之一。据称，北京有170万名奥运志愿者。

2008年8月23日

北京残奥会竹枝歌（三首）

盲人火炬手平亚莉

褐黄义犬导前巡，万目惊观复问询；

有答"廿四年前会，中国夺金第一人！"

【注解】

北京盲姑娘平亚莉，在1984年纽约残奥会上获得跳远冠军。她成为中国残疾人第一个在残奥会夺取金牌的运动员。余曾作竹枝词有云：

奖牌抢眼列鳞鳞，几块属于中国人？

谁信盲人平亚莉，风云叱咤首夺金。

【注解】

二十四年后，她由导盲犬引导作为开幕式上的火炬手。

永不停跳的舞步①

万千足尖舞旋廻②，如幻星光闪素辉；
静里乾坤齐凝首，"芭蕾女孩"带梦飞。

【注解】

①四川北川县十一岁女孩李月，酷爱芭蕾，学习不足两年，不幸在汶川大地震中失去左腿。她说："虽然地震夺去了我的左腿，但是我永远不放弃芭蕾梦想。"

②开幕式文艺演出，数百聋人用双手做出千万足尖作舞，李月被拥簇空中以上身与双手作舞，形成了美轮美奂永不停止的芭蕾舞步。

太 阳 鸟

天上飞来太阳鸟，背负晨光报春早。
谐声一唱万物苏，泛起祥云和梦绕。

【注解】

太阳鸟从鸟巢顶端缓缓飞下，将吉祥和梦想传递人间。

2008年

十三陵水库情思（二首）

　　十三陵水库位于昌平县明十三陵地区的东南边缘，纳东沙河。水库自1958年元月开工，当年7月竣工。库容8100万立方米。中央领导干部以及全市40万人参加修建水库的义务劳动。1974年秋，十三陵水库蓄水达4800万立方米，为建库以来所仅见。

（一）

登高临远碧粘天，万顷晴波漾翠岚；

猛忆郭公诗句好，"四山环水水环山"[①]。

（二）

曾记当年水利兴，红旗历乱战荒荆；

一锹挥起山河动，化作全民筑坝声[②]。

1974年

【注解】

　　①诗人郭沫若于1958年7月1日水库建成时，写诗云："雄师百万挽狂澜，五载工程五月完；从此十三陵畔路，四山环水水环山。"

　　②1958年5月25日，毛主席率中央机关干部到十三陵水库工地劳动，从此兴起全国水利建设高潮。

密云水库览胜（五首）

密云水库始建于1958年，汇纳潮白二河，1960年竣工蓄水，库容43亿立方米，为华北地区第一大水库。1975年最大来水量为34亿立方米，为建库以来最高蓄水量。

大坝纵览（二首）

（一）

浩海漪澜望眼宽，千峰浮水水浮天；
回望十年九旱地，京都存亡一线牵。

（二）

一自潮白汇燕山，古堞崇关绕翠岚；
轻抛银线织京畿，绘出京都锦绣园。

云山晚望

群峰迢递水悠悠，闲爱云山静爱秋；
最是晚晴斜照里，淡烟轻裹古烽楼。

鹿皮关听瀑

独立关桥披晚风，遥听幽谷奏琴筝；
清音扬抑随流水，散入烟波伴橹声。

烽台云雾①

五座危楼插汉霄，淡云薄雾伴朝朝；
依稀似见将军立，雪满弓刀镇蓟辽。

【注解】

①这一带长城烽火台均是明代守边名将戚继光所建。

1975年

官厅水库新貌

官厅水库位于河北省怀来县境内，1951年开工修建，1954年竣工，库容为22亿立方米，为新中国成立后最早修建的大型水库。

千年忧患枉前贤，冷月黄流照野滩；
一自粼粼千顷碧，花明林茂柳凝烟。

1975年

怀柔水库雨姿

怀柔水库位于怀柔县西侧，建于1958年，库容1亿立方米。京密引水渠建成，怀柔水库成为密云水库向京城输水的调剂水库。

空濛细雨弄柔丝，淡抹湖山秀丽姿；

赖有东风添妙趣，轻舢拍浪破云飞^①。

【注解】

①水库北侧曾建有水上运动学校，利用水面进行水上运动训练。现已停用。

1977年

白龙潭水库

小潭如镜绿萝披，石坝玲珑巧样姿；

昨日溪头初涨水，一帘碎玉泻丝丝。

1986年

疏浚温榆河纪事（七首）

从1970年冬开始，分期用四个冬春治理温榆河和北运河。京郊区县先后有十几万人参加治河劳动。余自1971年冬至1972年春曾参加第二期疏浚治理。

（一）

温榆河水黄又黄，断岸残堤乱草荒；

最是暑天连夜雨，沿河百里尽汪洋。

（二）

百年害水苦安澜，"根治海河"号令传；

一展旌旗千村起，民工十万扎营盘。

（三）

河水流淌汗水流，红旗招展劲如牛；

一日十分补三角[①]，菜油灯下议"评优"。

（四）

秋雨连绵最难过，寒风刺骨战泥河；

个个争当擒蛟手，为民造福英雄多。

（五）

蓆棚小报最火红，快板夯歌小品精；

最是主编方法好，表扬为主受欢迎。

（六）

四载冬春苦战艰，温榆旧貌换新颜；

闸桥座座横如练，岸柳毵毵绿作栏。

（七）

新河潋潋漾晴晖，蓄泄全凭人指挥；

捧饮一掬堤下水，光辉七字暖心扉[②]。

【注解】

①治河民工每人每天补助3角钱，本队（村）记10个工分。

②治理温榆河是响应毛泽东同志"一定要根治海河"的号召而发动。温榆河属海河水系。

1972年作，1996年修改

小水电站

背倚青山傍水涯，早迎旭日晚披霞；

分得一缕青溪水，直把浪花变电花。

1978年

窗口桐花

水利局办公室窗前有泡桐树，春来繁花满枝，清香四溢，扶疏花影，摇曳于室内墙壁水系图上。

一树桐花影扶疏，临窗拂我治水图；

频频俯首如相问："又缀青山几碧珠"？

1978年

小水库除险队

踏遍青山走水涯，攀岩除险细观察；

野炊一缕餐汤美，贴饼、熬鱼、木缆芽。

1982年

灌区农事（三首）

北京平原上的广大农田，有万亩以上灌区40多处，实现了灌溉水网化。

（一）

脉脉燕山隔霭烟，白杨初染玉围栏；

堤平渠满杨花水，响入畦田绿浪间。

（二）

南北渠流照眼明，干支毛斗各疏通^①；

闸工才立责任制，赤脚荷锹跑垄塍。

（三）

看似农家近水闸，方方小院绿杨遮；

冬修春灌防伏涝，田事归来披月华。

【注解】

①灌区按配套通水分为干渠、支渠、斗渠和毛渠。各灌区均有管理所，人员不等，专司水务。

1985年

延庆灌区（二首）

（一）

引水依山斗干分，渡槽南北育粮屯；
秋葵更解丰收乐，捧腹便便笑迎人。

（二）

山区农稼水当家，叠叠梯田绿满崖；
林果同沾及时雨，黄梨红枣赤山楂。

1985年

京都第一瀑

远闻鼙鼓自天来，近看狂涛落碧崖；
不管干戈消歇久，雄声犹绕旧烽台。

1985年

水文站^①（三首）

（一）

临崖筑室傍河湾，测水晨昏不计年；
暑雨洪流追险浪，严冬风雪涉冰川。

（二）

踏浪量风苦作甜，风当手鼓雨当弦；
闲情自有乐天趣，测尺铅鱼伴钓竿。

（三）

青砖小院栅门斜，量雨测流站当家。
捡得余闲种菜圃，一畦扁豆一畦瓜。

【注解】

①为及时测量水情和雨情，在沿河道重点地段设水文站，有专人作测量记录工作。20世纪80年代初，北京地区河道设有水文站36处。多在离村庄较远的偏僻地段，水文人员工作条件十分艰苦。

1985年

山区喷灌

惊疑孔雀落深山，翠羽屏开态万千；

曳起随风旎旋舞，一时撩乱夕阳烟。

1985年

龙庆峡冰雕展（二首）

1986年冬，在龙庆峡古城水库首次举办冰雕展览，一时轰动京城，数十万人往观。

（一）

一夜琼楼落碧穹，京都百万动倾城；

欲从人境观仙境，奔越长城到古城。

（二）

不坐飞机不乘槎，入峡一步到仙家；

都人爱问蓬瀛事，争睹晶宫宝石花。

1986年

北京西山访水纪行（五首）

1987年6月，随北京水利史研究会诸公，特邀著名历史地理学家侯仁之教授和中国水利史研究会会长姚汉源教授等，赴香山考察清代石槽引水工程，访水寻源兼及红楼宝黛故事，浮想情趣，探水寻幽，草小诗五首，以志见闻。

（一）

石槽引水导泉山[①]，上下廻环费万难；

为补昆明湖运道，千金不惜买涓涓。

【注解】

①为补充北京颐和园昆明湖水源，在历史上于清乾隆十五年（公元1751年），曾从北京香山碧云寺和卧佛寺水源头，各铺设一条引水石槽，导水入北京西郊的昆明湖，石槽长约七公里。据《日下旧闻考》记载：地势高则置槽于平地，覆以石瓦；地势下则于垣上置槽。深约20厘米，呈弧壮。石槽工程精细，为防止漏水，衔接处有凹凸接口，两侧有坚石护岸，以防山水冲刷。欲得涓涓，不惜工本，足见当时需水迫切。

（二）

红树青山掩旧家①，茅檐僻巷忆繁华；

推门细看藏修地，依旧云烟锁碧纱②。

【注解】

①香山脚下正白旗村，有曹雪芹故居，相传雪芹在此写下传世名作《红楼梦》。

②《红楼梦》第三回写黛玉初来贾府时，与宝玉同室相处，相隔只有碧纱橱而已。

（三）

盈盈一水是芹溪①，眼底红尘幻太虚。

为问门前渠涸后，林中玉带倩谁诗②？

【注解】

①曹雪芹旧居两侧有石槽旧渠，至今仍较完整。石槽通水后，雪芹仍在世，他的芹溪自号大概就是取自这条石渠吧！他的友人张宜泉约于乾隆二十七年（公元1762年）有《题芹溪居士》诗，诗前小序："姓曹名霑，字梦阮，号芹溪居士，其人工诗善画。"

②林中玉带，系借《红楼梦》第五回金陵十二钗写黛玉诗"玉带梦中挂"。

（四）

千载源头喷乱泉，石槽从此导颐园；[①]

至今恰似仙姝泪，为报神瑛滴欲干。[②]

【注解】

①卧佛寺樱桃沟有水源头。据《宸垣识略》：水源头两山相夹，小径如线，乱水淙淙，深入数里，有石洞三，旁凿龙头，水从龙口喷出，石槽从水源头铺设导水入昆明湖。

②仙姝，神瑛，指黛玉和宝玉故事。

（五）

灵花慧草启才思，脂砚香泉酿巨书；

元宝石旁惊异梦，前缘一点悟灵犀。[①]

【注解】

①水源头旁有巨石，形如元宝，俗名元宝石，至今犹存。传说曹雪芹在西山住时常来水源头，受元宝石的启示，构出"木石前盟"佳话。前缘指宝、黛木石前盟。《红楼梦》第五回（终身误）："都道是金玉良缘，俺只念木石前盟。空对着，山中高士晶莹雪，终不忘世外仙姝寂寞林。"

1987年

遥桥峪夏景（七首）

　　遥桥峪水库，位于密云县东北80公里的崇山峻岭中，纳安达木河，可蓄水1900万立方米。1984年建成。

楼　望

峪口遥桥景色幽，依恋重阁伴云流；
启窗迓看新湖色，无数青山入小楼。

湖　影

闲倚闸阶望翠湖，千峰错落水中浮；
轻风掠影山山动，出岫白云任卷舒。

晨　景

雨洗青山山洗云，轻梳慢理笼青林；
初阳欲吐晴光丽，片片朝霞作锦鳞。

黄　昏

湖面斜阳覆碧澄，山根曲岸起苍暝；

纵然暮色遮千岭，犹有彤云绕雾灵。

夜　坐

湖风涤暑晚凉生，小院云稀月满盈；
坐久贪听虫奏曲，不知清露着衣浓。

古城堡[①]

城堡方方居百家，屯兵旧迹绿杨遮；
村童仍爱习攻守，惊起湖塘数群鸭。

【注解】

①遥桥峪村，位于水库坝下右侧，有70户人家，四周有城墙，南门开城门，城墙有马道，可通城上。系古代屯兵之所，为明代万历年间所建。至今古堡建筑完整，古风貌犹存。

婆婆岭[①]

出水孤山似老妪，龙钟驼背锁愁眉；
寻儿未果城楼下，掩泣千年不肯归。

【注解】

①湖中有小山突出水面，当地人称"婆婆岭"。极似半身驼背老妪，头上有发髻，眼鼻口清晰可辨，表情愁苦，直面山峦上耸立的古城楼。

1988年

望司马台长城①

危堞神工司马台，将军奇胆建崔巍；

插天绝壁千寻上，络绎烽楼天际排。

【注解】

①北京地区的长城为明代万历年间守边名将戚继光主持修建。

1988年

缅怀北京水利局
总工程师高振奎老先生（五首）

北京市水利局原总工程师高振奎同志于1997年11月2日溘然长逝，终年83岁。11月6日参加遗体告别时，闻老总生前有遗言：自己一生清正、清白，喜爱清净。听后感慨系之。因成小诗五首，以志缅怀。

（一）

未肯人间享寿翁，飘然一去挽清风；
泉台许是遭洪水^①，急请先生做"总工"？

先生一生乐观豁达，言谈风趣。余每次见面问及健康时，他总说："快向八宝山报到了。"

【注解】

①泉台，指传说中的冥界。

（二）

曾捋"龙须"通"四海"，更挟雷雨锁狂洪；
京都绿障堤闸美，老总从来不计功。

【注解】

在建国初期，高总曾主持治理"龙须沟"，疏挖北海、中南海、什刹海和后海。其后，在修建十三陵水库、密云水库、京密引水等工程中主持施工技术工作。

（三）

抗敌修路历险程，尽把辉光献燕京；
劫后更坚经国志，斧镰旗下做新兵。

【注解】

高总1938年毕业于唐山交通大学，曾在滇缅公路、铁路任工程师。"文革"时惨遭迫害，平反后依然投入水利建设，曾任密云水库抗震加固指挥部总工程师。1985年，以71岁高龄加入中国共产党。

（四）

水志长编总纂成，十年灯下费经营；
潇洒文章多丽采，只将妙笔化真情。

【注解】

从1980年开始，高总主编《北京水利志稿》，几易其稿，亲自修撰，十年始成。

（五）

一代工师卧碧峰①，潮白永定颂清名；
萧然一钵铮铮骨，伴与山青并水清。

【注解】

①高总骨灰尊嘱安放于密云水库山上。

1997年11月6日参加高总遗体告别仪式后作

菖蒲河纪事（五首）

菖蒲河，明初永乐年间修建北京城时所修建。为明皇城的东苑内河。位于天安门前的金水河以东，经北池子至南河沿。"文革"和以后一段时间，该河被盖板，成为一条暗河。1998年秋余邀约水利界朋友探访。同年12月，余在北京市人大常委会议上提出恢复菖蒲河的建议。两年后于2001年4月又在北京市人民代表大会上与代表联名提出恢复菖蒲河的书面建议。2002年春北京市政府正式将恢复菖蒲河列入北京历史文化名城保护规划。同年组织施工，并于年内竣工。受到市民的广泛欢迎。有感而为小诗以记。

东　苑

金水东苑菖蒲河，明皇累代起巍峨。[①]

睿王车马金腾后，却话沧桑寂寞多。[②]

【注解】

①明代在菖蒲河上建有富丽堂皇的建筑群。明人有诗称："层台凌碧落，凭栏北斗齐。"

②入清以后这里建有多尔衮睿亲王府。清诗人吴梅村诗："七载金腾归掌握，百僚车马会南城。"多尔衮死后，以罪夺爵位，府亦荒废。

访　旧

几度逡巡觅旧痕，东苑遗迹渺难寻；

辛勤串巷询三老，半是民街半废湮。

呼 吁

为爱新京复古津，刘郎未改壮时心；
相知三五勤呼吁，终信东风送好音。

开 工

翘首开工彩旗飘，掘机土铲响连宵；
牛郎喜问修河事，何日行舟织女桥？[①]

【注解】

①昔时菖蒲河东西都有桥。西端叫织女桥（位于南长街），东端叫牛郎桥（位于南河沿）。两桥虽相隔不远，但由于中间是皇城禁地，市民要绕远路始能达到。正是"流入宫墙才咫尺，便分天上与人间。"

新 姿

金桥碧水柳垂荫，闲步新河脉脉馨；
大道红墙咫尺地，一川清韵涤俗尘。

2007年9月改旧稿

柳荫湖即景（四首）

（一）

安外徐行二里遥，回塘花树柳飘萧；
生成恬淡羞人识，自掩墙门任长消。

（二）

曲径幽花柳参差，疏离小圃别容姿；
"知鱼廊"下多童趣，时有孩群嬉藻池。

（三）

隔河北望苇萧萧，一片空濛伴寂寥；
欲渡岸边询钓老："快走搭水慢走桥"①。

【注解】

①搭水，指山区的小河道在夏秋时常在河中放石块，行人可
蹦跳而过。

（四）

半河萍叶半河风，千缕柔条漾水明；
莫怪园丁疏剪理，还它野趣自横生。

1990年

红螺寺三绝（三首）

紫藤寄松

一架松藤半亩荫，交柯翠盖紫萝氲。

纵然风雨千年后，犹是缠绵旧侣人。

千年银杏

挺干英姿接碧天，萧萧千载送云烟。

只缘参悟风铃语，依旧翩翩老少年。

寺前竹林

都为袈裟养素园，千竿耸翠照禅垣。

而今更重兴廉策，依旧清风满寺门。

1993年

卧佛寺山居（七首）

（一）

闲行翠谷赏泉石，抗战碑前驻有时。

李老不服年事大^①，水源头上照英姿。

【注解】

①李庆寿老，年已八十，步履矫捷。

（二）

游山不忘带写生，六月香山似锦屏。

奇峰古殿千年柏，都入陈黄画笔中^①。

【注解】

①陈莱芝夫妇喜爱写生，这次都带来画具，画了多幅。

（三）

花园小院笼斜阳，饭后倚栏诗兴长^①。

池上清风池畔草，一只松鼠跳花墙。

【注解】

①莱芝兄诗兴浓，写了好几首诗。

（四）

佛寺东边翠柏环，崇碑高阜草芊芊。

任公去后七十载①，犹有声光绕大千。

【注解】

①梁启超，字任公，1929年病逝，时年56岁。梁墓在卧佛寺迤东。

（五）

青松郁郁雪精神，一树别栽纪母亲。

细认铭文多赞叹，贤淑梁府二夫人①。

【注解】

①梁墓左侧有白皮松一株。松前横立一碑，题名母亲树。碑上刻有梁氏子女梁思成兄妹为纪念梁启超的二夫人而写的铭文。

（六）

几簇宅墙围绿坪，曹霑身世未详明。

一盘碾磨辘辘井，竟惹诸公乡恋浓。

（七）

山居三日友谊长，明月青松伴慨慷。

壮心未泯风云路，犹似当年越太行。①

【注解】

①李、陈都是八路军老干部。抗战时李老在太行领兵抗战。

2000年7月初

稻香湖消夏（四首）

　　丁亥夏月，溽暑蒸人。应邀与北京诗词学会诸诗友去海淀区稻香湖小住三日，成小诗四首。

稻香湖消夏①

消夏应邀访上庄，京门西北似江乡。

纳兰《饮水》曹公《梦》②，湖景沁人话稻香。

【注解】

　　①稻香湖位于海淀上庄，原名上庄水库。上庄是清初著名词人纳兰性德的家庙所在。纳兰著有《饮水词》等。

　　②相传曹雪芹曾在香山正白旗村居住过。今香山植物园内有纪念馆。

翠湖湿地荡舟

轻舟逐水绕荷塘，绿意晴明浴浪香。

何处风光最相忆，深红妆伴浅白妆。

喜见京西稻田①

累代京西贡米乡，百年如梦变沧桑。

谁人省得家山恋？又见青葱吐稻香。

【注解】

①北京连续九年干旱少雨，海淀京西稻田已近绝迹矣！

龙泉怀古①

曾经漕运济粮船，空剩斑驳旧曲栏。

只有千年老银杏，临风犹作水潺潺！

【注解】

①海淀区凤凰岭下有辽刹龙泉寺。寺旁有龙泉，昔时水流丰沛，为温榆河源头之一，也是元代治水家郭守敬修建白浮引水工程时，沿途所引的十一道大泉之一。如今已干涸。

2007年

银狐洞乘舟①（五首）

（一）

洞府仙宫傍水行，桨声唤醒玉精灵；

绒毛鲜亮洁如雪，惊赏银狐栩栩生。

【注解】

①溶洞以晶体熔岩奇观"猫头银狐"著称，誉为"中华国宝"。

（二）

玉笋晶花造化功，灵芝玉兔卧菊丛；

天生幅幅和谐景，展向人间万象荣。

（三）

天上银河洞内穿，大山肚里好行船；

卅里蜿蜒欲迷罔，恍然曾识圣水源。①

【注解】

①据称，银狐洞内地下河出口在东南四十里的万佛堂孔水洞

流出。成为大石河（古称圣水）的源头之一。北魏郦道元《水经
注》有详细记载。明清时期有"孔水仙舟"，为房山八景之一。

（四）

遥从三叠下瀛州，招手轻舟画里游；

洞内奇观水中影，一程梦幻一程幽。

（五）

大南山麓访梵宫^①，崇脊重檐遮古松。

五百年前清凉界，绿涛升起赤芙蓉。

【注解】

①银狐洞附近上英水村，原有明代古刹真武庙，如今重修一
新，掩映于万山丛中。

2007年

丝路行草（九首）

　　1992年9月10日，参加兰州首届丝绸之路节，沿河西走廊参观，经武威、张掖、酒泉、嘉峪关、敦煌。17日回兰州。19日飞乌鲁木齐，游天池。27日回京。

兰州丝路节观女子太平鼓表演

丝路节开花满城，翻飞红浪鼓声隆；
黄河儿女多豪气，卷地腾回舞太平。

武威中秋[①]

花酒盈城月满楼，武威街市庆中秋；
时人不奏《凉州》曲，兴会歌厅唱卡O。

【注解】

　　①武威，旧称凉州，唐王之涣《凉州词》"羌笛何须怨杨柳，春风不度玉门关。"

酒　泉

清冽甘泉似醴醇，旧碑曾志汉时闻；
只因共享军功酒，千古争传霍将军[①]。

【注解】

①据传西汉大将霍去病征西有功，武帝赐赏御酒，霍将酒倾于泉池内与军士共饮，遂以酒泉得名。今酒泉公园有泉池，池前有碑亭记其事。

左公柳^①

一树毵毵倚翠林，萧然卓立浴斜曛；

莫嫌枝干垂垂老，曾引春风度玉门。

【注解】

①酒泉公园内，在一棵老柳树下有一碑，刻有"左公柳"三字，相传为左宗棠所植。

波斯菊

争奇斗艳遍河西，丝路家家育美畦；

自古波斯通友好，长留瑰丽伴民黎。

宿玉门镇

窗明室净笑迎宾，羹美茶香誉满屯；

客人不信唐人语，齐赞"春风满玉门"。

过嘉峪关

黄沙莽莽耸高城，汉垒明关古堞雄；
盛世每多凭吊客，不须征泪望烟烽。

敦煌月牙泉

武帝曾歌古渥洼^①，神泉天马起鸣沙^②；
千佛洞里飞天舞，可有灵犀自月牙？

【注解】

①据《汉书》："元鼎四年，有神马出渥洼水中，武帝得之，作天马歌。"后人多以月牙泉即古渥洼水。

②鸣沙，即鸣沙山，在敦煌南郊。月牙泉在鸣沙山下。

新疆天池^①

浮空天镜挂云台，血色灵峰玉笋栽；
王母瑶池绝胜地，穆王怎会不重来！

【注解】

①天池，古称瑶池，传说系西王母居住地。据《穆天子传》说，西王母曾在瑶池宴请周穆王。唐李商隐有诗："瑶池阿母绮窗开，黄竹歌声动地哀。八骏日行三万里，穆王何事不重来？"

1992年

齐鲁访古（六首）

济南　李清照故居^①

寻寻觅觅几蹉跎，笃志江东不肯过。
只今更恋家乡美，伴与泉声起浩歌。

【注解】

①李清照故居纪念馆在济南市趵突泉公园内。

潍坊　郑板桥纪念馆^①

十笏玲珑鲁地娇，潍衙七品政声高。
至今满院萧萧竹，仍作清风赞板桥。

【注解】

①郑板桥纪念馆设在潍坊市十笏园内。

济宁　太白楼

负笈东南仗剑游，任城诗酒卧重楼^①。
可怜才气盈天壤，只付云帆傲列侯！

【注解】

①济宁，旧称任城，李白在此地家居，先后有十五年。

聊城 海源阁①

书海名楼峙鲁西，几经罹难遍荆藜。
纵然再起杨公阁，都是今人火后题。

【注解】

①清代河道总督杨以增几代人建的海源阁，为清代四大私人藏书阁之一。历经灾难，毁失殆尽。近年重修，供人参观。

聊城 山陕会馆①

一代繁华志盛年，金辉碧瓦玉雕栏。
至今馆外丝丝柳，仍挽长条待客船。

【注解】

①山陕会馆，系清乾隆时在聊城大运河畔建造的一座大型建筑群，专供山、陕地区商旅寄住之所。规模宏大，气势雄伟。内有关帝庙，雕饰精美，风格独特，至今保存完好。

临清 大运河故道①

古运临清市肆多，兰陵笑主费消磨。
堤边唯剩凌云塔，独自高高望故河。

【注解】

①临清，明清时为大运河重要商埠。据称，兰陵笑笑生所著

《金瓶梅词话》对此中市肆有所描写。

1993年初

桂林行（三首）

1995年5月27日，陪日本东京都议会代表团一行17人赴桂林游览，29日转上海。

抵桂林

千里银鹰雪浪开，晴光豁见桂江隈；
恍如持笏百官立，花毯铺茵待客来。

游漓江

百里轻舟行画苑，云屏风影映晴岚；
漓江少女鬟髻美，散立江边比玉簪。

至阳朔

阳川脉脉半蒙纱，玉笋千堆浴浪斜；
水色田光云树远，碧莲峰里住人家。

1995年5月

东北行草（四首）

1997年8月18日至25日，与中国水利史研究会诸公赴东北长春，在松辽委组织下到长白山，看天池瀑布，因遇大风未能观览天池，下山后去黑龙江省，游镜泊湖，参观渤海国公园遗址等地，得小诗数首。

吉林秋景

轻风坦道白云飘，林海长山一望遥；
才过一场三伏雨，满川苞米长如潮。

林海风情

林海茫茫云海高①，白河泻练响如潮；
天风吼下三千米，十万奔雷滚绿涛。

天池瀑布

飘飘仙女下天池②，结伴双双着素衣；
只为原田铺锦绣③，迴环银线理织机。

游镜泊湖

天公造化火山头，百里波光画里游；

点点朱红镶翠锦，望湖楼上客如流^④。

1997年

【注解】

①长白山主峰高2600多米。

②天池，为松花江源头。

③松辽平原，为东北粮仓之一。

④望湖楼，为镜泊湖湖岸别墅，1983年邓小平同志在此居住过。

旅湘诗草（四首）

1997年5月，余偕北京市人大常委会代表联络室同志一行赴湖南学习。过访长沙、常德、岳阳诸地，成小诗数首。

参观岳麓书院①

楚有材名百世骄，文从岳麓起屈骚。

赫曦台下春江涌，一代书生数蔡、毛。②

【注解】

①岳麓书院为我国古代四大书院之首。位于长沙岳麓山东侧，创建于宋代。二门有联称："惟楚有材，于斯为盛"。

②赫曦台在岳麓书院内。毛泽东1955年作《七律·和周世钊同志》曾有"莫叹韶华容易逝，卅年仍到赫曦台"之句。毛泽东、蔡和森早年寓居岳麓书院，进行革命活动。

滴水洞见毛泽东《有所思》诗①

滴水崖幽未乐居，情牵百虑复奚疑；

旌麾一展十年乱，应悔当时"有所思"！

【注解】

①滴水洞，位于韶山。1966年6月毛泽东巡视南方在此居住时，曾作《七律·有所思》。不久，在全国发动"文化大革命"。

过蔡锷墓^①

督军一怒讨奸袁，壮志难酬卧故山。

纵有斑竹千竿泪，不堪重忆小凤仙。

【注解】

①蔡锷墓位于岳麓山。

访小乔墓^①

铁戟沉沙故垒消，岳阳楼畔草萧萧。

多情惟有长江水，日夜涛声伴小乔。

【注解】

①三国小乔墓，位于岳阳楼侧，面朝长江。

1997年

游踪吊古（六首）

过镇江芙蓉楼忆王昌龄诗意

夜雨寒江冷路尘，谪迁无地不销魂。

芙蓉楼上倾知己，一片冰心传到今。

2001年改旧作

南昌参观八大山人纪念馆[①]

百代宗师属画痴，临川一醉发秋思。

王孙满纸留心影，既是哭之亦笑之。

【注解】

①八大山人，明王室后裔，明亡为僧。54岁时临川县令曾聘他吟诗作画，座中忽发狂疾，把僧衣扯烂烧毁，走还南昌，以书画为生。59岁时用八大山人名字，以四字连写，有时似"哭之"，有时似"笑之"字样。

1996年6月

过无锡阿炳墓

萋萋草畔隐弦音，月夜姑苏落魄人。

多少人生幽咽处，二泉一曲慰心襟。

1997年5月

黄山岩寺
文峰塔下怀陈毅元帅

黄山脚下文峰寺，早为新四军驻地，闻陈毅元帅抗战时曾在文峰塔前向新四军干部作报告。

岩寺金秋橘稻香，文峰古塔势轩昂；
巍然犹似将军立，百万军前作慨慷！

1997年9月

黑龙江宁安
古渤海国上京遗址[①]

大唐靺鞨久销声，古殿雄姿瓦砾封。
一纸舆图留盛迹，弥天稻黍掩芜城。

【注解】

①渤海国，唐时靺鞨族立国，为唐时属国。在展厅有一幅地图标示：渤海国全盛时期，东至海，南接新罗，西接契丹，北至黑水，全境五千余里，誉为"海东盛国"。

黄龙府遗址①

辽金旧府问沉沦，剩有浮屠浴夕曛。

叱咤雄风犹健硕，空留遗恨岳家军！

【注解】

①辽金黄龙府在今长春市农安县，有古塔尚存。南宋岳飞曾有"直捣黄龙府，与诸君痛饮耳"的壮语。

2006年

东营胜利油田即景（二首）

油田即景

井架林林接海澜，近如征马远如帆。

客来更似迎宾队，一蹴一扬老"请安"。

仙河镇新居民区

一带清流绕稻畬，层楼茂树遍花蔬。

海云淡抹樯帆远，不羡仙河赞仙居！

1997年

闽西采风（八首）

喜迎海峡诗词笔会
兼赠台湾诗友①

曾结勘灾两岸情，而今西闽会诗朋；

欣逢联袂挥灵笔，共谱和谐绘彩虹。

【注解】

　　①2003年余曾随北京减灾协会赴台考察地震洪水灾情，受到台湾同行热情欢迎。

过长汀有思①

车过长汀引壮思，缅怀英烈挂天碑。

文章豪气头胪血，奋起戈矛向曙晖！

【注解】

　　①长汀罗汉岭，是我党早期领导人瞿秋白1935年6月牺牲地。1985年重建纪念碑，碑高30.59米。瞿秋白生前著译颇丰。他最早翻译的苏联《少年先锋队》歌曾在我国几代革命青年中广为传唱。歌词有："走上前去呵，曙光在前，同志们奋斗……"

参观古田会议会址①

辉煌军史历艰难，胆剑文章出古田。

泛起心潮瞻念久，凝神低首礼先贤。

【注解】

①会址位于上杭县古田镇。1929年12月毛泽东、朱德、陈毅等在此领导召开了红四军第九次党代表大会，通过毛泽东起草的《古田会议决议》，成为建军史上的里程碑。

汀江岸上遥见三峡移民新居

治水兴邦出峡乡，东迁万里落汀江。

客家首府迎川客，红土新居浴暖阳。

【注解】

长汀，为客家人主要聚居地，誉为"客家首府"。在第二次国内战争时期是著名的革命老区。

游冠豸山遇雨雾①

古传獬豸主直忠，寻访偏逢雾雨濛。

许是楚王征召去，巡行衙署作纠风。

【注解】

　①冠豸山位于连城县，为国家重点风景名胜区。《后汉书·舆服志下》："獬豸神羊，能别曲直，楚王尝获之，故以为冠。"汉东方朔《神异经》："獬豸忠直"。

冠豸山石门湖①

水绕山环九曲弯，一奇二险浴峰岚。

只因有把玲珑锁，多少风光转处看！

【注解】

　①石门湖，原为七十年代修建的水利工程石门水库，今时成为冠豸山著名旅游风景胜地。

"振成楼"小景①

梦昧寻根路几千，原生态里悟真铨。

洋人也觅其中意，故向圆楼绕几圈！

【注解】

　①闽西永定客家土楼，被称为"中国古建筑奇葩"。其中，"振成楼"建于1912年，费时五年，保存完好，世称"土楼王子"。来此观赏寻根者不绝如缕。

客家风情

枑比宅居列俨然，绕村溪水响潺湲。

民风自古传宗久，勤俭耕读敬祖先。

【注解】

培田古民居，为闽西客家风情保存完好的古村落。徜徉其
间，颇多感受。

2006年11月

南国短吟 （二首）

珠海小住

小住珠海近堤隈，崇阁云窗绿浪迴；

逸兴偏宜官事远，卧听潮涨与潮回。

茶山小饮

竹棚短几绿围栏，茶舍春浓品"雨前"；

村女殷勤酬远客，茗烟香似故山泉。

1991年

杭州西湖（二首）

西泠印社　闲泉

苔色侵题名，清风剪碎萍；

凝然临岸立，西泠复西泠！

小孤山　林浦墓

登亭观放鹤，访墓拜梅魂。

寂寞孤山路，谁记月黄昏①？

【注解】

①林浦有名诗句："疏影横斜水清浅，暗香浮动月黄昏。"

2000年

尼亚加拉大瀑布（三首）

大瀑布位于加拿大安大略省，与美国交界，是世界最大瀑布，游人需要乘船溯流而进，可观赏壮丽景色。

（一）

早闻大瀑世称冠，今见云回雾蔽澜。

游客欲观真境界，直须搏浪闯深潭。

（二）

船行彳亍巨峰壅，箭雨飙风阻欲倾。

时有群鸥闲掠浪，最惊心处有轻松。

（三）

撩开箭雨立危船，世界奇观出豁然。

憾地巨流倾大壑，蔽天帘幕卷轻烟。

1986年

维也纳 (四首)

市郊村景

清清多瑙绕村乡，赭瓦重楼树作廊；
最是郁金香色艳，嫣红浓照绿帘窗。

月亮湖

弦月弯弯漾翠华，轻鸥帆影傍流霞；
野樱沿岸花如雪，遥映阿山雪似花^①。

【注解】

①阿山，即阿尔卑斯山。

斯特劳斯故居

维城灵秀育灵资，一曲轻歌天下知；
纵使百年多易代，至今犹爱舞华兹。

多瑙河道上

多瑙风光两岸长，轻车如鲫绕云乡；
多情最是蒲公草，一路黄花伴客香。

1992年5月

泰国风情（六首）

（一）

两岸湄南似画图，佛光宝塔映街衢；
崇楼广厦豪门外，时见鳞鳞矮屋区。

（二）

木屋鳞鳞水上家，辛劳终岁业渔虾；
近年江面多游客，小舶蜂拥卖辫花①。

（三）

临流饱览两岸长，笑语轻风小浪扬；
更喜导游多绘色，连珠汉话讲郑皇②。

（四）

泰餐自助最可人，百色琳琅美味醇，
旅客爱尝麻椒辣，咋舌咧嘴汗淋淋。

（五）

花伞腾空直入云，扶摇天海最销魂；

游人竞乘长风去，跃跃翁婆亦逡巡。[③]

（六）

象群表演态憨憨，小步轻盈扭翩翩；

险是游人卧蹄下，轻抬双腿走安然。

1993年

【注解】

①辫花，为用茉莉鲜花编织的花环。游船附近许多民女驾小船向游客贩卖。

②郑皇是泰国历史上著名的国王，湄南河岸上有规模宏大的郑皇寺。

③在泰国芭堤雅的海面上，有一种空中飞人的游戏。游人可乘降落伞，由海上快艇携带，腾空而起，翱翔天海，颇为畅快。游人竞互乘飞，老年游客亦跃跃欲试。

马来西亚（二首）

吉隆坡道上

马来一路好风光，棕海如潮橡海长；

小镇人家花似锦，深红妆伴浅红妆。

三保井^①

只为惠民立惠功，寻泉掘井教耕农；

至今华胄多膜拜，累代心香祭郑公。

【注解】

①三保井，位于马六甲，为郑和下南洋遗迹。

1993年

旅欧杂咏（九首）

乘雨至因斯布鲁克①

因河急湍绕群峰，山路回环冒雨行。

翡翠小城新浴罢，一襟典丽绣围屏。

【注解】

①因斯布鲁克，奥地利古老山城，壮丽典雅，有"欧洲屋顶花园"之美称。

阿姆斯特丹①

阿姆斯特水中飘，桨声帆影绕城摇。

连朝偶遇萧萧雨，花伞云遮座座桥。

【注解】

①阿姆斯特丹，荷兰首都，人口72万，城市由100多座小岛组成，小岛间有1000多座石桥。

阿姆斯特丹郊外牧场

平桥流水绿烟遮，牧草芊芊一望赊。

三五牛犊无聊赖，闲摇短尾看风车^①。

【注解】

①荷兰以风力发电著称于世，牧场附近是风车村。

坐凤尾船游威尼斯^①

褐帽红巾凤尾舟，清波小浪逐云流。
船夫巧撑轻轻转，水巷幽深梦里游。

【注解】

①威尼斯为意大利水城。建在120个小岛上，401座大小桥梁联成一片，177条水道组成城市交通线。

德国莱茵河谷

一曲销魂动客情，罗莱岩下放歌声^①。
古今谁解其中味，听到痴时竟忘生。

【注解】

①莱茵河转弯处，有名罗莱岩的地方，风光秀美。传说很早以前有女巫天天在这里唱歌。她优美的歌声常使河上行船自动停下来听歌。有个船夫由于痴迷听歌竟触崖而死。

佛罗伦萨[①]

久慕名城天下传，今朝初访兴方酣。

群雕磊落凭谁记，曾引人文振大千。

【注解】

①佛罗伦萨是意大利文艺复兴时期艺术活动中心。所倡导的人文主义思想对后世影响极大。

罗马斗兽场[①]

风雨千年久废城，血腥犹使客心惊。

一从奴隶挣枷日，喊出人权第一声。

【注解】

①斗兽场建于公元72年。以奴隶角斗士的打斗残杀，博得奴隶主贵族们的快乐。

巴黎凯旋门[①]

一世军功耀凯旋，凌烟将帅美雕悬。

可怜未捷身先死，只将灵柩过拱圈。

【注解】

①1806年2月拿破仑打败奥俄联军，为炫耀军功，下令建造凯旋门。以后时建时停，至1836年才建成。竣工时拿破仑早已死去15年了。1840年拿破仑的灵柩曾穿过此门。

巴黎圣母院①

歌德彩绘著欧城，神笔勾来播远名。

一自莫多人去后，钟声常带泪痕鸣。

【注解】

①巴黎圣母院为一座典型的哥特式教堂。始建于1162年，1345年才建成，历时180多年。19世纪初雨果的小说《巴黎圣母院》发表后名声大振。莫多是雨果小说中的敲钟人，形象丑陋而心地善良。

2002年7月

旅美探亲杂诗

纽约市居民社区即景 (八首)

(一)

巧阁重楼绿树遮，一行庭院一层花。
阿谁饰得新妆面，户户门前似锦霞？

(二)

白发翁婆矍铄姿，门前日日理花枝。
辛勤不计余年短，乐给人间绣彩衣。

(三)

坪草芊芊绿满庭，园中一树紫荆红。
花衫老妇勤劳作，小径躬身扫落英。

(四)

映掩松荫覆曲池，回澜鱼戏岸花滋。
晴明昨夜中秋月，可有幽人故国思？

【注解】

有的庭院松桧映掩，泉石清幽，有中华古意。

（五）

几畦荠菜几行葱，瓜豆为篱叶蔓浓。
最是番茄惹人爱，红红累累报年丰。

【注解】

有的庭院似农家小圃，秋意浓浓。

（六）

芊芊坪草望菲微，千亩公园闹市围；
好是合家常嬉戏，大人玩球小孩追。

【注解】

社区公园。

（七）

黄昏溜狗络绎出，小似狸猫大似犊；

纵使人人持粪袋，偶然遗屎露街途。

【注解】

黄昏公园溜狗。

（八）

楼厦巍巍万卷藏，中文书库展琳琅；

莘莘尽是华人面，身在他乡似故乡。

【注解】

唐人街图书馆。

2001年6-9月

旅美家居闲趣 （四首）

　　二儿段劲家居纽约皇后区格兰路，楼后有小园，两棵大樱桃树，浓荫逾半。时值初夏，朱樱将熟，芳草鲜美。余与老伴旅美探亲常在园中小憩，或览书报，或听歌吟，悠然自得，美不胜言，因成小诗以记。

（一）

东风昨夜染樱桃，碧叶丹珠滴欲娇。

篱畔枝繁桑椹紫，爱听啼鸟唱朝朝。

（二）

布椅圆桌绿影披，闲来小憩听CD。
鸟儿也羡歌喉美，绕树飞来作伴啼。

（三）

劳是休闲作老农，二儿相助理畦塍。
前时种下西葫芦，已见圆圆滚绿坪。

（四）

攀树挥镰摘采忙，竹篮装满玉琳琅。
全家共享樱桃节，日日尝鲜口角香。

2006年9月

赫德小镇素描 (五首)

2009年3月至6月，余赴美探亲，家居弗吉尼亚州赫德镇。

(一)

小镇路横斜，参差绿树遮；
林花开次第，草色入人家。

(二)

林中有歌吧，群鸟自当家；
啁啾迎日出，唱破半天霞。

(三)

黎明争起早，树树闻啼鸟；
静立辨佳音，谁个舌簧巧？

(四)

湖水碧弯环，白屋锁绿烟；

几声吴越语，疑似到江南！^①

【注解】

①小镇居民中有中国侨民。

（五）

暑雨长兼葭，淙淙水一涯；

岸柳垂荫下，雍容数只鸭。

2009年

旅美家居餐桌打油诗（六首）

（一）

烹调多面手，煎饼堪专有；

绝技花生仁，神仙二两酒。

【注解】

小儿段劲在家中掌勺，自是辛苦。摊煎饼、烤花生仁是他的保留"节目"。每次烤花生仁，必陪老夫喝两盅小酒，神仙也！

（二）

炸糕两面焦，地道驴打滚；
京门酸豆汁，尝尝也过瘾。

【注解】

儿媳李军特制作几样北京小吃招待我们，驴打滚吃起来最地
道，如今的京城已找不到那种豆面香了。

（三）

跃儿做菜香，众筷抢先尝；
牛腩味更美，三月绕房梁。

【注解】

小女段跃，做菜高手，餐桌上的小菜，色鲜味美，尤受欢
迎，被选为"名菜"。她做的酱牛肉，可比北京月盛斋。

（四）

昔年里外忙，当今白发苍；
半生瓜菜代，素馅可称王①！

【注解】

①老伴的素馅饺子众口称赞。早就成了段家厨艺的代表作。

（五）

暑假回华城，莘莘小主人；
餐桌添一菜，京酱爆鸡丁①。

【注解】

①小孙女甜甜，儿时在老家北京最爱吃酱爆鸡丁，吃到香处，满嘴都是酱。

（六）

三月探亲行，餐桌趣味浓；
闲来施戏笔，乐颠（儿）八十翁。

2009年

回国偶题

小镇安居绿映红，天伦乐享大洋东。
暖风吹得游人醉，未肯华京做北京①。

2009年5月末

【注解】

①华京，即美国首都华盛顿。时在华盛顿探亲。

看兰花展

几缕幽姿出釉盘，亦清亦雅态姗姗。
人前纵有千般赞，半面藏羞半面看。

1996年

花之吟（三首）

梅

枝影横斜浅淡姿，小窗幽阁忆当时；
几番冷雨浓霜后，多少炎凉只自知。

水　仙

出水凌波碧玉盘，梦回翻觉翠衣寒；
无端一缕朦胧月，每惹情思立悄然。

紫玉兰

木笔新衫紫色衣，端庄侧立小石矶；
纵然才识东风面，便有春情入梦祎。

1992年

晚秋牵牛花

不嫌脊地不须肥，千朵万朵自在开；
老夫也羡秋光媚，闲数花蕾日日来。

2009年

题遥桥峪灵岫花园[①]（二首）

楚楚欧姿披岫裳，姗姗尽日理湖光。
生成秀雅怡情趣，独爱荷香与墨香。

葡萄满架绿盈门，菜圃花畦百卉馨。
何处啁啾歌喉美，数只山雀喜迎宾。

2003年9月

【注解】

①灵岫花园，为一欧式建筑风格宾馆，位于密云遥桥峪水库西侧，水色山光、清幽秀雅。

樱桃采摘节竹枝词[①]（八首）

（一）

东风吹梦过潮白，五月樱桃邀采摘。

闻道双河红千树，尝鲜看景骋诗怀。

【注解】

①樱桃采摘节于5月26日在顺义区潮白河迤东双河果园启动。

（二）

入园惊见绿云深，翠帐藏娇红照人。

恰似绛珠宫仙子，含颦半掩迎佳宾。

（三）

朱樱凝艳浴春阳，剔透玲珑满园香。

诱得游人忙不迭，举头张口"我先尝"。

（四）

小小竹篮情意浓，自摘自选二斤盈。

满篮圆润红兼紫，个个系着绿丝绳。

【注解】

游人每人手提小竹篮入园采摘。满篮樱桃个个绿蔓相系，十分好看。

（五）

黄衫红带形象使，"金果公主"美梳妆[①]。

络绎外商签约会，导游、翻译两头忙。

【注解】

①采摘园里有经培训的用普通话和英语讲解的导游员，取名"金果公主"。

（六）

笑指银鹰过上空，赶鲜樱果起航程。

订单前日才签定，空运今朝到泰京[①]。

【注解】

①泰京，即泰国首都曼谷。

（七）

自古樱桃唤绛珠，美容美意爱相濡。

有情相赠"美容果"，爱神"保驾"到海枯。

【注解】

清，曹寅诗："缨盘托出绛宫珠"。樱桃含铁丰富。古有"美容果"之称。

（八）

"樱桃好吃树难栽，小曲好唱口难开。"

我唱竹枝八段锦，和谐织出幸福来。

2005年

全聚德烤鸭店竹枝词（十首）

全聚德老匾

风雨沧桑百四春，聚德并重聚才人；
品牌一自推新法，天下谁人不识君！

【注解】

全聚德老店成立于清同治三年（1864年），于今已143年。
从1993年开始成立全聚德烤鸭集团，推行现代企业管理制度，走
规模化道路，百年老店焕发勃勃生机。

北京鸭小史

自古京鸭美名扬，玉泉清水是家乡；
运河吃惯漕粮米，个个丰姿焕彩光。

【注解】

北运河一带鸭子，多年吃运河遗洒的漕运贡米，鸭体健美，
羽白无瑕，为国中名鸭。

北京鸭塑像

翘首扬神体态丰，姗姗凝重寓憨情；

京华美食鸭当首，不吃烤鸭枉到京^①！

【注解】

①北京谚语：不到长城非好汉，不吃烤鸭真遗憾。

挂炉烤鸭

一架挑杆六尺长，鸭坯飞起入炉膛；

炙得香酥皮儿脆，犹带微微果木香^①。

【注解】

①北京烤鸭以桃、梨果木为燃料。

片肉刀工

素帽青鞋白布衫，出炉鸭辇立君前；

刀工一展瞧高手，鸭肉飞飞落玉盘。

鸭全席

主餐还将配套餐，薄饼、香葱、酱味甜；
席上更添鸭凉品，鸭胗、鸭掌并鸭肝。

烤鸭名厨

技艺初传御膳房，杨家掌柜好眼光；
自从重聘孙铁杆，代代名厨做脊梁！

【注解】

杨全仁掌柜创办全聚德初期，以重金聘请曾在清宫御膳房做过烤鸭师的孙铁杆，从而奠定挂炉技术基础。

国际蜚声^①

喜有名声国际播，嘉宾贵友唱谐和。
当年席上卓别老，鸭步蹒跚笑料多。

【注解】

①1954年4月周恩来总理在日内瓦国际会议期间，曾以全聚德烤鸭宴请各国嘉宾。戏剧大师卓别林也应邀赴会。他风趣地说："我的戏剧形象是根据鸭子走路学来的。为感谢鸭子，我

从不吃鸭肉。"随后指着全聚德烤鸭，又说："不过，这次是例外，因为这不是美国鸭子！"博得哄堂大笑。宴会结束时，卓别林竖起大拇指说："中国的烤鸭果真名不虚传。就是还有一个小小的缺点，没能让我吃够！"于是周总理又亲手送他两只带走！

前门老店

新容已换旧时装，缕缕鸭香绕店堂；
独剩老墙斑剥脸，留将店史话沧桑。

生意经

不灭金炉越百年，试询诀窍几多般？
精明老总传经道："鸭好人能话儿甜！"①

【注解】

①全聚德有一句生意经："鸭要好，人要能，话要甜。"

2007年7月

为袁一强民俗小说
《皇城旧事》拟作（十六首）

小　序

　　当今影视文化界正皇帝后妃满天飞的时候，作家袁一强却塌下身子，沉心静气地写出一部反映旧京城底层社会生活的长篇小说《皇城旧事》，真是难能可贵。正如该书封底介绍所说："这是一幅绚丽多彩的旧北京的民俗风情画。"我读了以后，感到十分过瘾，似乎好久未见到这样好的作品了。感动之余，竟然顺口溜出十来首竹枝词来。不揣拙笔，写将出来，并把书中用精到京味语言写出的有关章句，录为引子，以为小诗壮色。谨表区区，戏为一强老友致贺。

三友轩茶馆

　　三友轩是附近数得着的茶馆，三间大门脸，进深也较深，足有二十几张茶桌。人多的时候吵得像个蛤蟆坑。除了杠行、棚行的人在这里闲等，拉房纤的、打硬鼓的两帮人也好在这里聚会。

——《皇城旧事》第6页

壶煮三江纳九流，杠、棚、打鼓（儿）汇朋俦；
岂知哀乐人间世，多少波澜此运筹！

老刘头

　　老刘头是三十多年老杠业，年轻的时候钉过皇杠，抬过亲王，十几年前抬过袁世凯。

——《皇城旧事》第9页

莫道杠夫是末流，双肩抬走帝王侯；

刘头最喜津津道：皇杠、亲王、袁大头。

"门　墩"

这杠夫们分为两拨，在茶馆闲等的是支应十六人杠以上的杠为大口子。另一拨人为小口子，在各杠房门口闲等着，……俗称门墩子。

那些门墩如同杠房的幌子。

——《皇城旧事》第6-7页

快嘴招徕守店门，颠颠跑跑费精神；

杠房幌子无标志，只见"门墩"口腿勤。

张秃子

一当上门墩，又是头目，就如同大门口的石狮子一样钉在那里。

张秃子是极讲义气的人，……

是他，使一个女人又有了活下去的勇气，准确地说是救了三条生命。

——《皇城旧事》第235页

张口粗俗痞气浓，敢将侠胆付平生；

为解二香悬梁索，天下谁人不动情！

何　四

……何四瞒着母亲跟着李德贵干上了杠业。先是打执事，长成人后又抬上了杠。何母觉得儿子的书白念了，总惦记让儿子改行。无奈何四死了心，她拗不过儿子，只好由他去了。

——《皇城旧事》第9页

聪慧谦和气不凡，欲将薪火作新传；

至今八宝山前柏，可绕何家续代烟？！

肖天兴

肖天兴是那种一眼就能看出的精明人，两眼分外有神，但无论对谁又都觉得他是那么和气。他在杠行中，上下都很有人缘。人虽还不到四十岁，但当二掌柜却有些年头了。

——《皇城旧事》第10页

肖天兴与胡玉娟偷情始于头年的中秋节，……那一晚，两人说不清谁个主动，谁个被动，就有了从此拉不清扯不断的私情。

——《皇城旧事》第19页

他听到胡玉娟为抗婚出家当了尼姑，不由的爱怜中又生出几许敬意。

——《皇城旧事》第399页

心计精明胆识新，纵横杠业几沉沦；

无端最是中秋月，空惹佛门遗恨深。

胡玉娟

次日用过早饭，肖天兴说去洗个澡，便出门奔了白衣庵。

过了片刻，小尼姑回来将一个用手帕缝死的小包交到肖天兴手中，说道："慧喜师姐说了，请将东西带走，就不必见了"。

肖天兴来到僻静处，拆开布包一看，原是已折成两半的一对手镯，他认出那对手镯正是从马川手里买来送给她的，……

——《皇城旧事》第401页

几度中宵忆旧欢，佛门月色正清寒；

纵然玉钿温如许，破碎情根已木然。

胡五爷

胡五爷的合泰是地地道道的"山西房子"，到他这辈已经营了四代，在京城要算得上老字号。

胡五爷是个吃喝嫖赌占全的人。眼下的心思全放在了怡心院里的一个婊子身上。

那是去年冬天雪后的一个夜晚，胡五爷将韩歪子请过来喝酒。……不想后半夜突然起了大火，整个合泰杠房已成一片火海了。

——《皇城旧事》第398页

四代经营逾百年，轰然一炬化青烟；

败家多从纨绔子，招得青楼带笑看。

韩歪子

　　开冥衣铺他是半路出家，韩歪子从他爹那辈就是棚匠。他爹死后的第二年，在拆那顶棚时，才发现包里竟是六根金条和两个小元宝。

——《皇城旧事》第62页

偶得外财棚匠发，坑人冒坏是行家；

都说作孽尸不整，火海扬灰任风刮。

魏瞎子

　　何四妈信服魏瞎子的卦，宣武门这远近几十条胡同的老太太们都认魏瞎子，说他的卦准。

——《皇城旧事》第127页

　　何四忍着笑，正色说："我刚才说的是真的！过几天我妈就来托刘大爷提亲，娶你！知道吗？"

　　秀珍几乎不相信自己的耳朵，她像傻了一样依在墙上，呆呆地望着何四……

——《皇城旧事》第135页

铜锣串巷一竹竿，铁嘴玄谈远近传；

且道江湖有义胆，银洋两块助良缘。

打响尺

杠夫中自有一套组织分为目、旗、幌、跟、夫五级。这"目"就是响尺头目。无论是八十人的王杠，还是八人的小杠，杠夫的行动全要听响尺的指挥。……"响尺"是两块檀木做成的，那个厚的叫响尺，有二尺长，一寸多宽。另一根是一尺多，直径一寸左右的圆木棍，叫敕木，用它来打击响尺。

——《皇城旧事》第94页

两根檀木手中拿，重板轻敲巧样花；

八十人抬王杠稳，且随响尺听"刷刷"。

撒纸钱

一撮毛的本名叫全福，他是个旗人，因颊上有一绺黑须才落下这么一个绰号，以至他的本名反倒没有人知道。一撮毛撒纸钱有一绝，能把拧成一团的纸撒到四、五丈高的空中，才层层落洒下来，如同天女散花。

——《皇城旧事》第79页

妙手绝活"一撮毛"，拧成一撒五丈高；

层层飘落如花雨，叫好人群仰头瞧。

"文场"吵子

人们通常把花会、五虎、少林棍、高跷秧歌、腰鼓称之为

"武场"，而把为他们伴奏的那伙人称之为"文场"。为丧事出"文场"的主儿全是不扰茶饭，不取分文的客情，这些人图的是个乐子。……接三或出殡时，文场相互叫劲，边走边练，花活层出不穷。

——《皇城旧事》第203页

送殡队里乱声嘈，文场锣鼓演技高；

两班叫劲堪玩命，镲响铙鸣向空抛。

数来宝

……第二天早上，吉茂棺材铺刚下了门板，就被蜂拥而至的二三十个叫花子围了个严实。这伙人起着哄大呼小叫着，轮番打着竹板，数开了来宝，但念的全是丧经。

——《皇城旧事》第115页

叫花子们常用这种办法报复得罪他们的店铺。

——《皇城旧事》第4页

呼啸如风聚店场，狂敲竹板"丧经"扬；

分明几段数来宝，唱尽淋漓旧丐帮。

打硬鼓儿

打鼓儿的行当有高下等级之分，最低者专收破烂，买不起像样的东西，中等的打鼓的收买旧家具、像点样的旧衣服什么的。

而马川、钱友这些人要算这行里的人尖子，收的全是金银首饰，珠宝玉器，古玩字画，也称之为打硬鼓儿的。

——《皇城旧事》第14页

行当硬鼓儿最人尖，专事投机贩古玩；

嗅得丧家"手头紧"，蒙来珠宝赚大钱。

"奉安"移灵

李德贵笑道："这回抬的可不是一般的人物，是孙中山！孙大总统！南京的中山陵完工了。从香山碧云寺移到南京去，知道吗？"

——《皇城旧事》第43页

因香山碧云寺内道路较窄，孙中山的灵柩要先上二十四人的小杠抬至寺外换上三十二人的中杠，要行至万寿山北宫门再换上六十四人的大杠，三班轮换。

——《皇城旧事》第44页

一世艰辛撼帝亡，中山陵墓柏苍苍；

奉安遗事无人记，独有才情写盛章。

1999年8月30日

为易海云先生
《长天云海路漫漫》
诗集作序（八首）

海云诗兄寄《长天云海路漫漫》诗稿，嘱为序。岂敢，岂敢。然时值"五一"佳节，风和日丽，读海云诗，如临清流，如啜泉茗，实乃一大享受也。遂乘兴援笔，得打油八首，以应易兄盛意。

（一）

以诗代论论含情，依论为诗诗亦精。

卓尔其心卓尔志，潇湘自古有材名[①]。

【注解】

①海云，长沙人。长沙岳麓书院有联：惟楚有材，于斯为盛。

（二）

读海云诗好畅怀，天遥海阔任安排。

一支彩笔泼复点，幅幅丹青入画来。

（三）

每于诗道论精微，累代学诗总叹唏。

吾爱天然去雕饰，真情热血莫便宜。

（四）

死而后已觅诗缘，求索心期倍苦甘。

更向香山问妪语，喜闻乐见是真铨。

（五）

且道源流诗与歌，万千气象汇滂沱。

会当千载翻新曲，南海竹枝续浩波^①。

【注解】

①宋杨万里《南海集》、《竹枝歌》富民歌特色。陆游诗
云：四百年来无复继，如今始有此诗翁。

（六）

爱向诗丛觅妙词，诗人绝律更清漪。

宜将椽笔干千象，霞起云天绘彩霓。

（七）

宁作流星一线开，清词丽句写将来。

好从胜域斑斓地，更著雄声绕燕台。

（八）

漫漫征程两鬓皤，青春无悔任消磨。

心中纵栽南针树，应料人间枷锁多。

2000年五一劳动节于劲松寓所

京华敬老竹枝词（九首）

（一）

自古空传《礼记》篇^①，如今非梦亦非烟。
小康初展阳关道，遍布城乡乐寿园。

【注解】

① 《礼记·礼运篇》："大道之行也，天下为公。选贤与能，讲信修睦。故人不独亲其亲，不独子其子。使老有所终，壮有所用，幼有所长，矜寡孤独废疾者皆有所养。"

（二）

乐寿园中设备全，"五有"方针敬当先^①。
更喜新开娱乐室，卡拉OK舞翩跹。

【注解】

① "五个老有"指老有所养，老有所为，老有所学，老有所医，老有所乐。它是我国老年工作的指导方针。

（三）

新风新事新主张，休笑翁姬老来狂。
七十也兴黄昏恋，剃须染发作新郎。

【注解】

近年，敬老院里多次举办孤寡老人喜结良缘的婚礼。

（四）

红花对对庆金婚^①，满院生辉红照人。
恩爱岂为青春事，鸳鸯越老越情深。

【注解】

①街道、居委会为本社区老人举办金婚、银婚庆祝会，每有报道。

（五）

年年重九赛门球，各个摩拳竞上游。
更喜登高选健老，从容爬上"鬼见愁"

【注解】

每到重阳节常举办老年门球赛。老年体协在香山举行老人登山活动。

（六）

养颐之福乐中闲，书画琴棋雅兴添。
工艺玲珑编织巧，博得老外赏流连。^①

【注解】

①北京市第一社会福利院老人们的书法绘画和编织工艺，每每得到外国参观者的赞赏并购买。

（七）

老而好学最堪钦，报纸书刊阅览勤。
更是关心天下事，大槐树下听新闻。

【注解】

敬老院经常组织老人们收听广播，听时事报告，议论国家大事。

（八）

戎马一生立战功，峥嵘岁月记光荣。
而今更重教传统，白发红巾育后生。

【注解】

光荣院的老人们多是残疾军人、孤老烈属。他们组织了宣传小组，经常到学校和社会进行革命传统教育。

（九）

竹枝九唱服务员，侍奉精心暖心田。
大伯大娘齐夸奖，都说这里没冬天。

1992年

"晚情之家"竹枝歌（十五首）

一群从五十年代开始在青年团北京市委办公室工作的小青年，经历了四十多年风风雨雨，当他（她）们离退休后，于九十年代初不定期的聚会并起了个极重友情的名字"晚情之家"。其中有位女"秀才"陈宁，将每次活动都以随笔的形式记载下来，悠悠近十年了，先后记载了十九次活动，或促膝畅谈，或吟诗赏画，或品尝佳肴，或外出郊游，或庆喜寿，或贺乔迁，或吊亡友慰问亲属……总之，同忧同乐，内容十分丰富。正如陈宁所写的"这些年来，大家每次相聚，总是感到格外亲切、愉快、欢乐和温暖。也许，这正是我们晚年生活的一种需要，需要活动，需要关怀，需要朋友，需要感情交流。我们这样做了，而且也得到了，得到了一份深深的值得纪念的晚年情"。是啊，"但得夕阳无限好，何需惆怅近黄昏"。（朱自清）我作为部分活动的参加者，看了随笔，更感到亲切和激动，不禁从心里流淌出了几首竹枝歌来，不揣浅陋，列入随笔之末，以博晚情之家诸老友敞怀一笑耳。

（一）

一梦黄粱半纪程，亦甜亦苦伴潮生；

老来喜聚同忧乐，共爱"人间重晚晴"。

（二）

王玉梅家喜气腾，相逢老友话兴浓；

纵有美餐情未了，共议之家称"晚情"。

【注解】

大家还议定到谁家聚会谁即为家长，王玉梅为第一任家长。

（三）

平生惯作热心人，联络张罗策划勤；

都道"晚情"发起者，"闲学居"主李桂沉①。

【注解】

①李有习画室名"闲学居"。

（四）

聚会十年乐事多，老来自有老来活；

才女有支生花笔，一回佳会一番歌①。

【注解】

①陈宁在每篇随笔之后差不多都有一首诗歌。

（五）

乔迁甘愿费操劳，装饰新居喜信邀；

共享改革年景好，芝麻开花节节高。

（六）

七旬大寿贺国江，笑语频频祝健康；
更有甜甜出话俏，"愿奶越活越漂亮"①。

【注解】

①九岁小孙女甜甜在贺信中说："愿唐奶奶越活越年轻，越活越漂亮。"

（七）

云玺、新生是笑星，一冷一热逗欢声；
当年小伙翩翩影，化做今朝大肚亨！

（八）

老来常喜做画书，花卉牡丹松梅竹；
最数瑞华学得好，轻描重抹见功夫。

（九）

五十年代叫小胡，花甲仍将小字呼；

犹记当年东华路，社区服务绘先图^①。

【注解】

　①胡淑琴从团市委调出后，长期在东华门街道办事处做民政工作。东华门是东城区较早建立社会福利网络地区之一。

（十）

岁月悠悠两鬓霜，般般家务理周详；

晚情老友都夸奖，贤淑媳妇张金香^①。

【注解】

　①金香、新生在团市委工作时喜结良缘，多年来金香操持家务备受苦辛。

（十一）

富华人好是女强^①，好客热情里外忙；

共赞一双鸳鸯鸟，冷幽默配热心肠。

【注解】

①焦富华是白云玺夫人，待人热情，年轻干练。

（十二）

夫唱妇随入"晚情"，先从候补列旁听；

老夫也羡夕阳美，一卷《竹枝》"贿"众公^①。

【注解】

①拙作《新竹枝词集》出版后赠诸老友惠正。

（十三）

有缘随唱有陶公，风雨平生爱晚情；

年届耄耋腰脚健，共祝期颐作寿星。

（十四）

人生之旅近黄昏，最怕忧伤病累身；

张华、志远先后去，节哀同慰未亡人。^①

【注解】

①先后有张华、张志远二位老友辞世，晚情之家老友集体前去吊唁并慰问家属。

（十五）

晚情佳会最温馨，不论官职不论兵；

人生易老情难老，贵在真情和友情。

2000年

竹枝外集

万物生生大道归，人生造化百年度。智者俯仰麾风雷，
达者归来啸猿鹿。
达智双兼张子房，常使后人怀风骨。
我来墓前良久伫，拾朵白云作花束。洒向青峰回千古。

梅园吟（二首）

1981年4月，参观南京梅园新村中共代表团驻地周恩来居所，感赋小诗。

雨花石

周恩来同志故居有他拣来的雨花石数十枚，陈列室内。

不怜秦淮水，偏爱雨花石；

石上斑斑血，深宵忆故知。

垂丝海棠

手植垂丝树，繁花已满枝；

年年花色好，朵朵系长思。

1981年

咏玫瑰

不乞东风不竞时，肯将丽质补春迟。

无嗔无怨高风骨，亦媚亦庄圣洁姿。

芳愫每随痴蝶老，浓情常怕狡莺窥。

世间只恐多嫉诈，遍长金针卫故枝。

1988年暮春

咏花篇（三首）

献给北京民政工作者

荆稍花

过灵山，见山岩间荆花连片，清香满谷。

瘠土坚岩自在开，艰辛无意惠青睐；
野开野落甘寂寞，乐予蜂群酿蜜材，

珍珠梅

珍珠梅，花小如珠，洁白如雪，每于墙角背阴处，茁壮繁衍。

不是梅花胜似梅，妆成雪海玉珠堆；
年年惯住墙边角，不愿庭前惹是非。

死不了

死不了，无名花也。花虽小，色泽艳丽，生命力极强。日前，风雨之下，窗前花丛凋零殆尽，独此花盛开如常。

风雨兼旬日晦朦，群芳摇落半凋零；
篱边独尔花灼灼，始信无名胜有名。

1988年

浣溪沙（二首）

香山老年人休养所纪事

香山老年人休养所，位于碧云寺后身，于近日建成。应唐、范二所长之邀，6月8日晚郭老、还吾老以及沈千、李晓月诸公如约次第而至。时虽大雨滂沱，亦未能阻。及所，主人盛情，诸公兴好，谈叙风生，夜深始息。次日，游樱桃沟，沿溪而上。值雨后晴岚，山光洗翠，鸟语花香，溪流喁响；信步而游，从容而赏，真可谓"山水清音，自成佳话"①也。从水源头而下，至香山脚下曹雪芹故居参观。同行还吾老博学广识，深谙雪芹故居考证始末，娓娓谈来，颇多教益。午后，憩于所，日夕而归。因作《浣溪沙》以记。

（一）

重阁青帘映碧霞②，旧游结伴好消暇③。夜阑和雨忆韶华。　　多有殷勤待诸老，白莲佳酿碧螺茶。夕阳明媚艳于花。

（二）

曲曲山溪绕寺长，清音怡悦话沧桑。水源头上论曹郎。　　淡酒岂能消黛粉，繁花常著九秋霜。挽歌唱断旧思量。

【注解】

①山水清音句，见清王士禛《浣溪沙》序。②碧霞，指碧云寺。③旧游，指老朋友。

1991年

玉楼春

记延庆光荣院

朱廊花圃青青院，妫水河边晚霞艳。东风惯自抚怡颜，寿老童颜腰脚健。　　当年虎士多功战，倥偬风云驰北燕。至今常忆老十团[①]，白发红巾传奉献。

【注解】

①十团为抗日战争时期转战延庆、密云等县的八路军部队。光荣院的老人中有老十团的老战士。光荣院经常组织老年人向中小学生进行革命传统教育。

1991年

临江仙

京郊敬老院巡礼

千里京郊秋正好，丰盈粮果飘香。光荣敬老遍村乡；小楼红簇簇，座座似仙庄。养、乐、医、学多康健，赢得满面春光。先生休笑老来狂；良缘结寿侣，剃髯做新郎。

1992年

菩萨蛮（四首）

赞四位京城居委会主任

小　序

《京华街巷百颗星》记载了北京市100名优秀居委会主任的先进事迹，遵作者嘱，我曾以《无私奉献者的赞歌》为序。该书出版后，我再读之，仍感动不已，情不能尽，写小词《菩萨蛮》四首歌之。

姚金兰

东城区安德里居委会主任。1982年退休不久便开始做居委会工作。10年前办起全市第一家托老所、家庭计时服务和各种居民生活服务的社区服务中心，受到居民的欢迎。该居委会被评为市级先进集体标兵。姚金兰同志获全国敬老好儿女的光荣称号。

人人争说安德里，扶残托老居民喜。服务建中心，小楼四季春。　　十年创业路，风雨家难顾。双鬓雪飞花，辛勤姚大妈。

陈为华

宣武区永江居委会党支部书记兼福利主任。1963年清华大学工程物理系毕业后分配边疆从事核工业建设，曾获国家科技奖。1985年因青光眼提前退休回京，担任居委会工作。1988年双目失明，仍热心居委会工作，为居民们的冷暖疾苦鞠躬尽瘁，被评为全市优秀共产党员。

曾经大漠扶云起，红旗烂漫飘蓝宇。立志缚鹏鲲，边城风雪人。　　英年双目瞽，街巷帮邻属；剩将赤心花，深栽百姓家。

周玉莲

东城区安定门头条妇代会主任、三八红旗标兵。她在居委会工作了几十年，不辞劳苦为胡同的安宁、居民的欢乐发着光和热。1991年，为胡同里的老年夫妻举办了新颖别致的钻石婚、金婚、银婚纪念联欢会，远近传为佳话。

红花对对春光艳，白头喜庆金婚恋。旧侣胜新盟，老来情更浓。　　时光元自好，不怕催人老；偕老享颐年，拳拳周玉莲。

赵　炎

东城区九道湾居委会主任。她16岁参军，南征北战，1961年开始做街道工作。30多年来为居民们尽心竭力，带领居民绿化美化环境，把凹凸不平、垃圾成堆的九道湾变成"花园胡同"。为方便居民生活，她大搞便民服务，组成全区第一家"志愿者协会"。

东风楼院重重树，爱心化作街邻睦。巷巷绕繁花，家家披绿纱。　　当年淋弹雨，荣誉从不取；不愿享清福，长征未驻足。

1992年

登喜峰口长城怀古

独立烽台一望遥，悠悠百代逐心潮。
云横峻岭廻今古，浪打残城洗旧朝。
浩气每怜于少保，枕戈还待威安辽。
怆然欲酹滦湖水，起看雄师唱"大刀"。

【注解】

①1995年夏访潘家口水库，登喜峰口长城。时值抗日战争胜利50周年，喜峰口抗战62周年。《大刀进行曲》，是喜峰口抗战时流行的抗战著名歌曲。

1995年

游威海成山角

丰年九月鲁东秋，龙岛风清导客游。
簇簇新村围翠岗，粼粼近海网盈鳅。
射蛟台上怅寥廓，兵马俑前思壮道。
秦帝不知天外事，错将海堑作天头。

【注解】

①成山角位于山东半岛东端龙须岛上，现属威海市。相传秦始皇曾来此，有射蛟台、天尽头等遗迹。现大力整修辟为旅游景点，修建始皇庙、兵马俑等。

1995年

井冈山揽翠

久闻井冈红，未识井冈绿；
今日上井冈，苍苍林海覆。
近峰似碧螺，远岭如指拇；
村镇围锦屏，白云起烟渚。
黄洋界崔巍，玉带镶楼庑；
曲路入云端，明灭如绸舞。
晓日步山城，茨坪凝翠谷；
忽听群乌鸣，霞染青山署。
山中多美泉，高下飞响瀑；
趔趄看清潭，珍珠乱捶鼓。
撩开万缕纱，搓起珠千斛；
高坝迸银花，簌簌传乡埠。
山村多圣迹，郁郁竹篁护；
络绎仰先贤，红星闪林崮。
陵园矗山冲，松柏高阶路；
英烈尽少年，敬瞻多低俯。
我心亦所戚，创国多艰苦；
世代育民德，追思勿忘祖。

1996年

梦游张家界

生自山水乡，一生爱山水。少壮喜唱燕水歌，老来健步登名岳。去年渡海揽瀛洲，今年一游张家界。

张家界，三千峰，三千佳丽拥佳城。山灵知我有诗兴，金鞭溪水发吟声。复穿小径过衫松，黄狮寨爬梯一千重。峰巅放眼豁然开，六奇阁直插青天外。晴光熠熠洒天庭，千朵万朵金芙蓉。或如含苞半欲放，或如亭亭出碧浪；或如情侣互依偎，或如含羞遮翠帐。八方竞艳展丽姿，恍如身在瑶池上。

俄而凉风起谷底，云雾升腾飘细雨。菲菲细雨笼轻纱，千朵芙蓉变仙女。云作衣裳松作鬟，临风摇步姗姗舞。有持神针织素纱^①，有欲摘星台前倾^②。朦胧扑朔眼离迷，泉流上下跳珠冷。复见五女躬身拜^③，不拜王母拜元帅。元帅鼎名叫贺龙^④，湘西大地英威盖。此时浓云压山黑，天鼓蓬蓬天河拆。贺龙元帅勃须眉，雷霆万钧天欲裂。千员战将立将台^⑤，红旗跃马神州搏。

骤雨初歇云复蒙，眼前飞来数青峰。峰驰
云舞林欲动，我欲飘然入清梦。梦中漫步白云
间，张良墓畔白云重⑥。张良大志撼强秦，宝
匣天书辅汉室⑦。功成偕与赤松游，啸傲云山
任行止。风流倜傥韩公子，张家界上登仙羽。

梦游醒来心所悟，鸿蒙初开生万物。万物
生生大道归，人生造化百年度。智者俯仰麾风
雷，达者归来啸猿鹿。达智双兼张子房，常使
后人怀风骨。我来墓前良久伫，拾朵白云作花
束。洒向青峰回千古。

1997年6月

1998年5月修改

【注解】

①②③⑤⑦均为张家界景点。即定海神针、摘星台、五女拜
帅、点将台、天书宝匣。

④贺龙原籍，桑植县，今属张家界市。

⑥张家界有张良墓。

该诗在《北京诗苑》发表不久，老友王蒙兄即来信，称：
"拜读兄大作《梦游张家界》甚喜，盖写出胸臆来了也。我国自
古有'诗言志'的传统，托物寄兴也好，因时感人也好，借景生
情也好，怀古忧今也好，重的是诗人自己的态度、情操、境界，
放手把自己写进去，敢于把真思、真情、真悲、真喜、真怒、真

悔、真憾、真慰写进去，诗就感人了，也真正能够感动自己，提升自己，净化自己，抒一己之块垒，唱刻骨之悲欢，与历史得共振，与众人通心曲，自励自娱，当然就是好诗了。《梦游张家界》者，好诗也"。这封信我一直珍存。老友王蒙，是北京诗词学会最早请来的名誉会长之一。他经常关心《北京诗苑》会刊。给学会寄稿，此信已在会刊全文发表，对我本人和学会诗友都是有益的鞭策。

2010年补记

谒大禹陵

会稽名山古圣扬，耒耜事业久辉煌[①]；
平生未了江河愿，偕把清风拜禹王。

【注解】

①《韩非子·五蠹》：禹"身执耒臿，以为民先。"余在大禹陵购得折扇一把，以作纪念。

1997年

登雾灵山峰顶

雾灵山，燕山主峰，海拔2118米，位于京东密云、兴隆交界，为北京第三高峰，八月十七日随人大常委会诸公乘车从兴隆县盘旋峰顶。

山灵呼我上青巅，一跃葱茏咫尺天。
举手拂云堪揽月，振衣挟雾欲飘仙。
才开冷眼量三界，已觉凌霄欲堕渊。
且效支公师造化^①，清凉界上听潺湲。

【注解】

　　①支公，为古代隐士。清凉界，雾灵山里有大石，上刻"雾灵山清凉界"，系明代所刻。

1997年

访房山贾岛墓遗址

　　许多人都知道唐代有位著名诗人叫贾岛，但却很少人知道贾岛是北京郊区房山区人，更不知道房山有贾岛墓和贾公祠。今年8月26日，北京诗词学会暨文化界人士近20人，前往房山石楼镇二站村贾岛墓遗址观访。房山区委书记单霁翔及区、镇有关领导陪同前往。遗址位于二站村南侧，现除两幢清代康熙、嘉庆年间碑石外，几无遗迹可寻。在此次观访中区镇领导一致决定重修墓祠纪念先贤，光耀乡里，弘扬诗教，余喜而为诗。

曾许魂归故国遥，石楼一望草萧萧。
荒原彳亍寻遗冢，断碣残存识旧朝。
纵有先贤修祠墓，那堪劫火做焚销。
盛时区镇兴诗教，不重虚浮重推敲。

　　按：推敲之意引申为认真、求实作风不亦可乎。

1999年11月

浙江桐君山品茗[①]

　　暮春访胜地，品茗桐山巅。雪水拂云绿，轻风动岫岚。俯临双溪亭，遥望子陵滩。久住风尘里，开怀一豁然。

【注解】

　　①桐君山，桐庐县名胜。相传黄帝时有一老者在此山种植中草药。或问其名，老者指桐树为名，后世称其为桐君，并在山顶建有桐君祠。桐君山位于富春江、分水江合流处，山水佳丽。

2000年

访富春江严陵钓台碑廊纪辩

小　序

　　久慕富春景，浙中美画图。
　　晴明秋日丽，一路到桐庐。

（一）

　　桐庐有胜迹，严陵古钓台[①]；光武中兴

日，封官请不来。我欲访钓台，举头望阶陔；登上葱茏顶，清风扑满怀。登临添奇怪，下瞰水脉脉；"钓台千尺高，钓具谁能拽？！"

（二）

复见路碑廊，古今志沧桑；历代大名士，题碑满琳琅。钓台第一碑，梁肃撰于唐[②]；俯仰从屈伸，遗风闪辉光。宋臣范文正，睦守建祠堂[③]；"贪廉""懦夫立"，"名教"贻世芳。

（三）

或曰中兴将，汉宫建"云台"；有诗不讳言："钓台胜云台"！复传范公诗，从容评"两台"！"功臣三十六"，"争似"高钓台[④]。明初刘伯温，讥讽有诗声："云台兴帝业，桐江一丝风"！永乐李进士，作歌赋独白；"云台像早亡，钓台峭百代"[⑤]！俄而有路者，微笑出自白：千年"炒"两台，高下总难猜；至今犹不止，钓台高千尺！

（四）

　　我亦有所思，心中有所意；何言高与低，达者任行止；行其所当行，宜止遂其止；智者行进退，端知荣与耻。建业济于世，退归依德识；天地养正气，不贪名与利。汩汩富春江，千秋自清适。

2001年初稿
2010年修改定稿

【注解】

　　①严光，字子陵，会稽余姚人。少曾与光武帝刘秀同游学，有高名。刘秀称帝后，他改名换姓隐遁。刘秀派人觅访，征召到京，授东谏大夫。严光不受，隐于富春山。

　　据周大封（浙江绍兴人，民国初曾任县知事）《富春江三日游记》称："考子陵钓处，证之古籍，一在七里濑，见《后汉书》；一在大桐州，见《咸淳志》；一在富阳县东北九里赤亭山；……一在鹳山"。作者继续写道："汉时富春为郡，严州桐庐，皆地属之。七里濑钓台亦尚在富春山，子陵往来上下，垂钓当非一处"。

　　②梁肃（753——793）唐代人，是最早撰写严子陵钓台碑的人。碑名：汉高士严君钓台碑。

　　③范文正，即范仲淹，他于宋仁宗景祐元年知睦州（钓台属睦州）时，在严光隐居处修建祠堂。落成后写《严先生祠堂记》。称严光钓台可"使贪夫廉，懦夫立，是大有功于名教也"。

　　④范仲淹诗云："世祖功臣三十六，云台争似钓台高"。世

祖，指东汉光武帝刘秀。史书载，光武中兴的三十六功臣，曾被图画于汉宫云台，以示褒扬。

⑤李进士，指李昌祺，永乐进士，作歌钓台辞云："云台钓台兮，其高颉颃，二十八将兮，图像已亡，先生千古岿祠堂"。

（以上注文摘自浙江人民出版社
《富春江文集》1992年版）

延庆杏花风骨赞

海陀飞雨杏花发，几度春风灿若霞；谁剪明霞散山曲，铺陈片片绕山家。

闻道香营万亩园，花潮花海连花山；借得清明传花信，游人络绎奔妫川。

忽报风沙起大漠，今晨已入延庆界；黄云滚滚铺天来，撼木摧花势猖獗。我来赏花花遭劫，强忍哀伤怜切切；扫兴逡巡花海前，回眸忽现惊壮烈。

花海欲倾天欲堕，恍见棵棵花树如巾帼；素衣怒目立风沙，手擎丫杈风中搏。北指黄云声咄咄，左盘右挡英姿卓；纵然摇落委沟渠，玉质香躯如雪洁。

多时风息沙退却，千枝万枝齐雀跃；苞蕾

竞绽万花明，亮丽山河光烨烨。鸟嘤鸣，人欢惬，共庆阳春杏花节。我今赏花动心魄，延庆杏花骨如铁！

2002年4月

念奴娇
登衡山闻禹迹有怀
（依宋·张孝祥词韵）

衡峰浮翠，碧云天，独占祝融霞色①。欲越危崖三百丈，一览禹藏竹籍。金简寻台②，黄庭觅观，空见白云拂。英雄遗史，只剩山野传说。　　曾忆河海平生，桑干拒马，踏遍燕山雪。纵使长澜携我去，仍挽清风揖谒。③尽凭名山，峥嵘万象，放眼江湖阔。当歌沧浪，不须频问年月。

2001年5月

【注解】

①祝融，传说中的火神。衡山有祝融峰。

②据《一统志》称，衡山金简峰黄庭观右有金简台，为大禹藏书处。

③1997年余曾谒浙江会稽大禹陵，有诗云："平生未了江河愿，携把清风拜禹王"。

南乡子（八首）

海南三亚行

（一）

椰树路，海风和，南山逦俪美如歌。曲岸绿茵金佛阁，晴岚锁，三角梅开千万朵。

【注解】

2004年元月八日至十六日游海南三亚市。三角梅是三亚市市花。南山，属三亚市的文化旅游区。

（二）

花似海，漫丘坡，绿茵毯上摆星罗。五色缤纷争夺目，人环顾，跃跃鱼龙迎客舞。

【注解】

三角梅妆饰的龙腾鱼跃各色花坛，十分壮观。

（三）

冬月令，似春时，百花风过舞千姿。婀娜纤纤多旖旎，歌金缕，一刹又织丝丝雨。

（四）

春草软，人如织，群雕石象赏憨姿。年少学童闲嬉戏，真淘气，爬上鼻头独脚立。

（五）

南海岸，觅"桃源"，海天接处"小洞天"。崖刻琳琅随浪展，细观览，谁记鉴真沧海远①。

【注解】

①传说鉴真和尚在此处最后一次东渡日本。

（六）

观百虎，好雄威，鞭稍一响驯唯唯。最是喵喵群幼畜，添惊喜，游客轻轻抱怀里。

（七）

山海尽，鹿回头，无情翻作有情俦。箭簇未发先启口，撩情窦，偕向人间长相守。

（八）

行海角，访天涯，纷纷宾客踏明沙。有道比邻知己句，欢声聚，飞起群鸥天海去。

【注解】

唐代王勃诗："海内存知己，天涯若比邻"。

依五代李珣《南乡子》韵。

2004年10月改定

巫山一段云（三首）

访韩国济州岛行吟^①

今年九月，随北京市人大友好代表团访韩国汉城和济州岛。济州岛位于韩国南端，为旅游胜地，有"东方夏威夷"之称。

济州岛一瞥

万鸟浮天际，云山叠野畴。徐福渡海到瀛洲，佳话传千秋。　　市衢洁而美，村庄绿绕丘。家家庭院柚橘熟^②，累累兆丰收。

【注解】

①济州岛，古称东瀛州，岛上至今流传秦始皇派徐福赴瀛洲寻不死草的故事。

②岛上盛产橘，瀛洲十景中有橘林秋色一景，名不虚传。

火山遗址①

山口繁花覆，遗园万树围。山头小阁赤石坡，明灭映金辉。　　坡漫芊芊草，坡跟苇花飞。时闻笑语隔石矶，两两入林菲。

【注解】

①"山君不离"火山口周长两公里，深一百余米，内覆四百多种奇花异草，郁郁葱葱。火山周围林花繁茂，风景佳丽。有许多新婚男女前来游览。

药水庵寻泉①

雨霁斜阳晚，山容秋意横，重重烟树锁空灵，一径入松亭。　　幽谷传人语，提壶携玉琼。小庵西侧觅清泠，掬水月华生。

【注解】

①济州岛由于地面水缺少，对井泉保护十分重视。药水庵为名泉胜地，代表团路过此地，偶入林泉，顿觉万籁清幽，沁人胸臆。

1996年

纽约鸟类自然保护区纪游

今夏美国行，纽约探亲属。首来鸟区游，一享天籁谷。进园有规章，游客皆徒步。甬路履碎石，时行且时伫。路旁野花发，随客送芳馥。倦欲稍息止，区间设长木。灌丛少饰修，蓬勃欲遮目。嘉树出长林，鸟巢高低布。忽临大湖滨，浩淼衔洲渚。迢迢天水间，霭霭浮云抚。复见禽鸟群，彩装美羽著。湖边立参差，依偎或嬉逐。鸥鹭见客来，点头迎惠顾。鹊鸦喜客至，振翅相欢扑。成鸟空中翔，鸰儿学冲俯。啁啾林鸟啼，似唱迎宾谱。我心会鸟意，跃跃学鹤舞。有缘结鸟盟，物我会心处。人禽娱相亲，天人合相辅。[①]乐此逍遥游，浑然忘归路。

【注解】

①庄子有言："天地与我并生，而万物与我为一。"

2001年7月

浣溪纱

参观海淀上庄纳兰性德史迹展览馆

庭院朱廊绕短松，词人身世翠湖东。低徊细认藓碑铭。 独有冰肌天分付，常怀凄艳腻王宫。玉箫声里峭寒生①。

【注解】

①纳兰词《太常引·自题小照》有"试倩玉箫声，换千古，英雄梦醒"。

2000年11月3日

浏阳苍坊村谒胡耀邦故居有忆

愁云惨淡欲笼春，掩泪当年吊国魂①。
大殿沉沉无语咽，红旗恻恻慨声吞。
牛棚故旧伤彭蠡②，华夏儿郎忆领军。
拜罢苍坊留半句：人间不死是民心。

【注解】

①1989年余参加在北京人民大会堂举行的耀邦同志追悼会。

②蠡；耀邦同志墓在江西鄱阳湖之共青城。

2003年9月

浏阳谭嗣同故居参加谭嗣同
殉难105年祭礼

叱咤风雷越百年，大夫第里仰先贤①。

满庭芳韵名今古，一介横眉射帝天。

抒莽苍苍斋主志②，终慷慨慨以身捐。

只今菜市石阶下，应有重泉胆剑篇。

【注解】

　　①大夫第，是谭嗣同父亲的住宅，谭嗣同少年时在此居住。

　　②莽苍苍斋，是谭嗣同在北京浏阳会馆居住时书斋名。

2003年9月

我驻南使馆英雄儿女归国感作

　　5月12日晚中央电视台播放以美国为首的北约袭击我驻南使馆牺牲的三位烈士和二十余名负伤人员由我政府派员接运回国。北京机场国旗低垂，人群哀恸，愤而为诗。

英雄归国万情牵，缟素神州怒问天。

公理不持持霸理，主权尽踏踏人权。

汹汹弹雨南盟火，咄咄腥风贝市寒。

忍将旧事思今事，"伙伴"新篇是血篇。

1999年5月13日晨

神州五号载人航天成功喜赋

飞天仙女起敦煌，影落神州绕梦长。

纵有悟空练筋斗，那堪佛祖镇猴王。^①

千年汗漫嗟何及，半纪风云赶两强。

忽报宇航添新客，哈啰中国利伟杨！

【注解】

①孙悟空应是神话中最早的宇航员，一个筋斗翻出十万八千里。可惜被如来佛压在五行山下。

2003年10月15日夜

《黄河人文志》出版喜赋

浩卷宏文汇百家，纷呈异彩耀中华。

龙门凿壁传初祖，砥柱擎流启智嘉。

利害详陈资史鉴，诗词精论绘繁葩。

古今多少安澜手，犹记潘公水攻沙。

【注解】

今年四月，在参加成都召开的1995年中国城市水利问题国际学术研讨会，与会的《黄河志》总编室袁仲翔主任赠我新出版的《黄河人文志》一书，并邀参加今年八月举办的纪念明代治黄专家潘季驯逝世400周年活动。

1995年

题北京诗词学会
成立10周年诗书画展

十年磨杵绣吟旌，八百银针织凤城^①。

今见斑斓迎日起，娜嬛门外锦云平。

1998年

【注解】

①凤城：指京城。

贺野草诗社成立25周年

三十年代中坚萋萋野草扬传统

廿五春秋呐喊浩浩东风壮鲁旗

2003年12月15日

【注解】

野草诗社成立于1978年10月，是"文革"后北京第一个成立的诗社，也是北京诗词学会创建者之一。野草诗社最初的诗社成员，包括我国当代著名作家、诗人、学者和文化人姜椿芳、萧军、张报、王亚平、楼适夷、汤茀之、金常政、杨小凯等八人。

贺房山区河南中学
山花诗画社成立

南岭寒初退，山花出岫云；

一枝斜照水，先占燕郊春。

2004年4月

浣溪沙
贺北京军休诗词研究会成立

结社军休喜若何，昇平笑语逐心波。横戈曾洗旧山河。　　不道流年浑似梦，激情邀我谱新歌。诗心画意夕阳多。

2004年6月1日

重振人间燕赵风
贺凌云诗社成立

一望天涯春草生，京华起社会诗朋；

高擎老杜凌云笔，重振人间燕赵风！

2007年4月

贺香山诗社成立20周年

廿载香山结社长，年年吟兴会重阳；

灵泉秀水丹枫景，烂漫诗情带梦香。

2007年7月

贺朝阳诗词研究会
成立20周年

春风翘首画图开，廿载诗情引壮怀；

何处琴弦传古调，卿云烂漫绕燕台！

2007年10月

贺北京水务局
离退休干部庆祝新中国
成立60周年书画展

诗情画意兴何长？白发逢时乐未央；

争将水润京华景，尽献心旌美画廊。

2009年9月

为什刹海建金锭桥拟联

金锭凭栏汗漫远浮西山雪

澄清一带逶迤曾系浙江潮

2002年2月

【注解】

新建金锭桥与古银锭桥相距不远，古有"银锭观山"一景。什刹海为元代南北大运河起点。金锭桥东有古澄清闸遗迹。

西地锦（三首）

四川汶川大地震祭礼

送"香儿"天使^①

尽是花龄儿女，独尔留姿舞。冥烟冉冉向青云，送"香儿"仙路。羌管谁调一曲？北川地，废墟处。俯听犹似爱女声：上音乐学府！

【注解】

①"天堂还缺一名天使，上帝选中了'香儿'"。北川中学高中女学生张义伊，乳名香儿，差两天16岁生日。"在学校，她喜爱作文，喜爱国画，每天写日记。能歌善舞，从小就是班里的文艺骨干。"她向父亲说："女儿一定争气，考上音乐学院。"大地震中，她"手臂伸开，两脚前后分开，依然带着舞蹈的美"窒息而死。

摘自《新京报》

警花大爱^①

罹难家中九口，未肯离职守。帐篷门外晕倒时，谁计宵和昼！有问欲答咽久："灾难前，不能走！"携将大爱礼亲人，敬祷天国佑。

【注解】

①蒋敏，女，28岁，四川彭州市民警。她北川家中包括爷、奶、母亲、两岁女儿等九口人在大地震中罹难。在遭遇巨大不幸的情况下，她一直坚守救灾岗位，未能回过家，直到晕倒在帐篷外面。当记者问起时，她说，请家人原谅我，在妈妈、孩子等家人最需要我的时候，我未能回家。希望家人在天国平安。

摘自5月21日《新京报》

灾民"主心骨"

——北川民政局长王洪发

一刹满城惨睹，瓦砾寻呼苦。救人谨记抢时间，哪顾亲和属！欲问机关何去？五成员，仅活某。忍悲日夜抚灾民，群呼"主心骨"！

【注解】

王洪发，北川县民政局局长，大地震中他失去了儿子等亲人共15口。民政局机关21人中，仅有10人幸存，领导成员5人，只剩下他一人。他日夜奋战在第一线，头五天，只睡了七个小时觉。成了灾民的"主心骨"。

摘自5月21日《中国老年报》 2008年

附：西地锦·灾民"主心骨"曲

——北川民政局长王洪发

1=C 或 ♭E 2/4　　　　　　　　　　　段天顺　词

悲壮激情地　　　　　　　　　　　张永旭　曲

（2̲ 2 3̲ | 5 6 | 1 2 | 3 - | 2̲ 2 3̲ | 5 7̲ 6̲ | 6 - | 6·0̲) |

6̲ 6·| 5 3 | 7̲ 6·| 6 - | 3̲ 3·| 6 6 |
一刹　满城　惨睹，　　瓦砾　寻呼

5̲ 3·| 3 - | 2̲ 2 3̲ | 5 6 | 1 7 | 6 5̲0̲ |
苦。　　　救人　谨记　抢时　间，

7̲ 7 6̲ | 5 6 | 5·4̲| 3̲2̲ 1 | 2̲ 2 3̲ | 5 2̲7̲ |
哪顾　亲和　属！　　哪顾　亲和

6 - | 6· 0 | 6 1· | 6 1· | 6 1· | 1 - |
属， 欲问 机关 何去？

7 76 | 5 6 | 5 - | 5 - | 2 2 3 | 5 6 |
五成员 仅活 某。 忍悲 日 夜

1 7 | 6 0 | 2 2· | 1 2 | 3 - | 3 - |
抚灾 民， 群呼 主心 骨。

2 2 3 | 5 27 | 6 - | 6 - | 6 - | 6 0 |
群呼 主 心 骨。

心香祭礼（十首）

李大钊烈士陵园（二首）

（一）

高擎赤帜立工农，振臂神州报晓钟；

自许铁肩担道义，绞刑架下亦从容。

（二）

眉横器宇意昂然，直面长襟步履坚；

挽起清风盈两袖，人间更重礼先贤。

1989年

重修马骏烈士墓[①]

生逢战乱虎狼行，掷却头颅拯众生。

烈骨豪情今尚在，长松劲柏展雄旌。

【注解】

①马骏，回族，1885年9月生。1919年五四运动中，马骏积

极领导学生和群众与反动政府斗争。由于他在天安门领导群众斗争英勇，人称"马天安"。他1919年与周恩来同志在天津创立"觉悟社"。1920年加入社会主义青年团，第二年加入中国共产党。1927年大革命失败后，任中共北平市委副书记兼组织部长。同年12月被捕。1928年2月壮烈牺牲。1987年12月，北京市人民政府为马俊烈士重修墓碑，墓碑位于日坛公园内。

1988年

平西抗日烈士陵园

燕岭挥戈抗日奸，壮歌慷慨遏云天。

荆卿去后留风骨，拒马萧萧染血丹。

【注解】

陵园位于房山区十渡卧龙山上，1985年10月建立。碑正面镌刻着肖克将军题词："抗日战争在平西牺牲的烈士永垂不朽"，背面有苗培时撰文、金寄水书写的1200字碑文。

1986年

平北抗日烈士纪念碑

纪念碑在延庆县龙庆峡外西侧，1989年建，有彭真、聂荣臻同志题字。

平北军民血战多，荷戈挺进抗强倭。

崇碑欲酹英雄业，起看巍巍大海陀。

1995年9月

白乙化烈士碑亭

　　白乙化同志抗战时任八路军团长。1941年2月在密云县鹿皮关抗击日寇，壮烈牺牲。1986年，在密云水库北侧烈士牺牲地建立碑亭。

将军血刃战长城，一代雄杰卧碧峰。

库水有情知顶礼，年年岁岁绕碑亭。

1986年

赵然烈士墓

烽火平西著政声，锄奸驱寇励农耕。

英年每憾难酬国，剩有遗诗表挚情。

【注解】

　　赵然，房山河北镇李各庄人，1938年参加革命，同年入党。曾任房良联合县和房涞涿联合县县委书记。1944年病逝，年仅二十五岁。

　　据《房山烈士丰碑》载赵然同志两首遗诗中有："平原此去诛敌寇，誓与同胞血宿仇""恨不一朝驱敌寇，好分吾父子肩轻"等诗句。

1995年

老帽山六壮士碑

弹尽高崖陷险危，山呼风啸欲何之？

从来燕赵无降骨，独效狼牙五壮儿！

【注解】

1943年春，我八路军六名战士在房山十渡老帽山阻击日寇，弹尽后宁死不屈，跳崖就义，至今不知姓名。他们与1941年狼牙山五壮士英雄义举日月同辉。

1995年

房山河北乡革命烈士碑亭

晓日晴明谒祭亭，石堂寺外百松青。

抚碑细认英雄录，犹记儿时唤乳名。

【注解】

烈士碑始建于1964年河北村石堂寺，1971年迁至河北村西高坡上，并建亭。碑上刻有河北乡为民族解放和建立新中国而牺牲的80名烈士英名，其中有我幼时同伴。

1995年

盘山烈士陵园

　　盘山，属天津市蓟县，冀东抗日根据地，曾遭日寇侵袭。解放后在盘山脚下建有规模宏大的烈士陵园。

曾经血雨战倭兵，满地黄花伴冢丛。

不管天公施旱涝，幽香岁岁上盘峰。

1989年

痛悼王立行同志

半世京华久慕名，文章风骨政声清。

宁辞部阁召冠冕，却恋青灯纂史成。

共励雄图添骥力，已成众志起新程。

如何未捷匆匆去，多少相知哭祭灵。

【注解】

　　立行同志原任中共北京市委常委、宣传部长。他从领导岗位退下来后，即投入主持《北京志》的编纂工作。几年来，他尽心竭力，使修志工作取得显著进展。

1998年7月28日

缅怀还吾老

新编九九赠签时，谁料偏成告别诗；

遥忆溪庄听故史，几惊《闲己》赋竹枝；

独留支眼观天下，更有雄词刺鬼魅；

西苑年年秋色好，碧云红叶系人思。

【注解】

还吾老七十年代中期曾任北京市水利局党委副书记，为余老领导。那时他曾带领干部去密云水库（在密云溪翁庄镇）调查蹲点，常听他讲历史故事。九十年代中期还吾老出版《闲己斋诗稿》。

1999年

痛悼侯振鹏老局长

惊闻北京水利局老局长侯振鹏同志逝世，时余正在江苏开会，未能参加遗体告别，特志诗一首以表痛悼之情。

惊闻噩耗遽生悲，历历音容现昔时。

主局十年好"班长"，友谊卅载两相知。

驱倭累战鸡鸣早，独臂挥缰马踏飕。

忽忆云湖堤上柏，夕阳无语伴哀思。

【注解】

振鹏同志曾参加抗日战争和解放战争，任过骑兵连长，在战斗中失去一臂。北京解放后任过县武装部长，1958年率民工修建密云水库，水库修成后任水库管理处主任。七十年代以后担任北京市水利局局长十余年。

2001年5月

痛悼王建中老会长①

少帅军中抗日人，关山戎马叱风云。

勋名并铸诗名老，胜国清和享大椿。

【注解】

①原空军后勤部政委、北京诗词学会常务副会长王建中同志于2007年2月19日病逝，享年95岁。

2007年

敬挽王建中老会长①（挽联）

大义出沈辽，戎马英风酬伟业。

老成施教化，燕台豪气铸诗魂。

【注解】

①王建中，1912年生，2007年2月19日在京逝世，享年95岁。王老军旅一生，功勋卓著，曾任师政委、空后副政委等职。他也是一位军旅诗人，著有《军旅诗痕》等。王建中是北京诗词学会创建人之一，多年担任常务副会长，为振兴中华诗词做出了重要贡献。

2007年

哭陈宝全①

噩耗飞来刺我心，几番询证果为真。
多情燕水哭良仆，叶叶竹枝带泪痕！

【注解】

①陈宝全同志在工作岗位上突发心梗逝世。他是北京市老龄委常务副主任，终年59岁。余得知后，万分痛惜。他不仅是位优秀干部，也是位不事张扬的艺术家，对书法、篆刻、摄影等多有造诣。余出版的两本诗集（《燕水竹枝词》、《新竹枝词集》）都以他制作的精美篆刻作装饰。每忆至此，不胜悲怆！

2008年12月6日

竹枝斋酬唱

纵使风霜黎人老，相逢仍是旧童心。
解道寻梅花事晚，一溪清韵待君诗。

与杨金亭先生寄赠

段天顺：兴会诗缘久慕贤

值北京诗词学会成立二十周年忆及十五年前，诚邀金亭兄主持会刊《北京诗苑》事，因成小诗敬谢杨主编。

兴会诗缘久慕贤，虎坊畅论两开颜。
卷头一自涓涓语，滋养京苑作美泉。

2008年

【注解】

十几年来，金亭兄担任《北京诗苑》主编后，大力加强会刊工作，很快提高了整体水平，并得到中宣部领导的肯定，北京市宣传部为此发了内部简报。金亭先生担任《中华诗词》主编后，仍然继续担任《北京诗苑》主编，两个担子一肩挑。每期有《卷首语》，都出自杨金亭主编之手。金亭居于京城虎坊桥作协宿舍，著有《虎坊居诗稿》等。

杨金亭:1949年——黎明前的心灵史

——段天顺先生的《追忆1949纪事诗》

和王放不同，以竹枝词创作理论名世的段天顺的诗作，是包括二十首绝句构成的一个大型组诗。正如诗的总题所标出的《追忆一九四九纪事诗》。作品主题，是关于记忆中某些历史片段的吟唱。这些诗虽然没有标出竹枝词的名号，却有着诗人曾经提出过的，"广为纪事，以诗存史"的竹枝特征。

比如：《参加中共北平地下党员大会》之四："历届书生赴国难，黎明烽火继薪传。纵然前季遭摧折，又进CP四少年。"作者注："余读书的河北高中，是一所有革命传统的名校……一九四八年秋……新学年开始，又增四名党员。其中徐宝纶、秦学儒、段天顺三人为十六岁；王蒙（曾任文化部长，著名作家）仅十四岁"。之五："人群惊见父容颜，跨步流星奔面前。凝对移时疑是梦，泪花湿了眼镜边"作者注："父亲段西侠，长期从事党的地下工作，在抗日战争和解放战争期间，我们海淀住家是党的地下交通站，但父亲从未对我说过。余……遵守地下党的纪律，也从未对父亲说过我入党的事。此次大会相遇，父亲惊喜万分……"。这是透露了战争年代曾经发展少年党员，以及父子同是地下党员却互不知情的特殊条件下的党史。这种诗中有史，借史抒情的写法，颇有龚自珍诗中所谓"诗成恃史佐评论"的诗史价值。是的，段天顺的这二十首绝句是可以当作一九四九年那个黎明前的黑暗的北平，革命青少年知识分子的心灵史来读的。

2009年7月20日

与蔡若虹先生寄赠

致蔡若虹老先生

蔡老若虹先生：

您好，近来身体好吗？您每次寄来的大作我都认真拜读。读您那些充满爱国激情和青春气息的诗篇，是一种对心灵的滋养和享受，可以养志，可以净心，更可以"医老"。我读着您的"举笔旌旗同抖擞，挥毫云水共徘徊；高龄赢得春常在，百尺青松点绿苔"这首您给关山月的诗句，不也是您自己的写照吗？

您近期写的《凯歌高唱》六首，已全部登在本世纪末最后一期（第四期）《北京诗苑》的第一篇，并在卷首语中杨金亭主编向读者做了重点介绍，高度评价您"热情地讴歌了中华民族面对强者，敢于拼搏，敢于胜利的铮铮铁骨和一往无前的英雄气概"，"唱出了迎着新世纪的曙光阔步前进中的十二亿华夏儿女的心声！"。最近，在一次青年诗社的会上，我朗读了您的诗词作品，受到大家好评。您"把旧体诗词的革命化，现代化，当作创作的主攻目标"我十分赞赏，您长期的创作实践，也是我学习的榜样。我们《北京诗苑》也想在这方面作引导。我们也很愿意听听您对《北京诗苑》办刊的批评和意见。

当此新世纪来临之际，我代表《北京诗苑》和我全家向您这位跨世纪老前辈表示衷心祝贺，愿您青春常在、创作常新。

多谢您对《北京诗苑》的一贯支持。

段天顺　敬上

二〇〇〇年十二月十八日

壬午春节给蔡若虹老先生拜年

集蔡老诗句

诗如花烂漫　心比月玲珑

2002年春节

蔡若虹先生复信并赋诗

天顺老兄如晤：

细读您老的诗词，在旧体中酝酿着无比的新意，和风细雨，情景交融……，我在反复学习中写了一首四不像的七绝，不怕丢丑，将硬笔写在宣纸上，请您过目！附上近作《子夜歌》四首请转交理俊、金亭两兄为荷，专此即颂撰安！

九三老人　蔡若虹
2002年3月6日

竹影窗前看竹枝，浪花早放电花迟；

雨当丝弦风当鼓，万千形象是吾师。

读燕水竹枝词有感
　　天顺老友笑纳

九三老人蔡若虹
2002年小春3月

敬悼蔡若虹先生 (挽联)

蔡若虹先生于2002年5月2日在北京逝世，终年92岁。蔡若虹是新中国美术奠基人之一，著名美术家、社会活动家、诗人。他是延安文艺座谈会参加者。蔡老是北京诗词学会顾问，虽至耄年而诗心不老，诗树常青。老人家去世前还寄诗和信给北京诗词学会。我们怀念他。

画若投枪，情深赤脚，自有灵犀通大众；

诗扬正气，神往遥天，频教泪眼望长安。

蔡若虹同志千古

北京诗词学会敬挽

2002年5月2日

与潘家铮院士寄赠

致中国工程院副院长潘家铮院士

潘家铮院长：

您好！我是您的大著《春梦秋云录》的读者，很喜欢那篇《新安江上竹枝歌》。您运用自己深厚的诗词功底，以清新流畅的诗人笔调，完整地反映出那个时代水电建设的劳动生活场景。使我这个曾在水利战线工作过的老兵，感到十分亲切和敬佩。

我从工作岗位退下来后，兼主持北京诗词学会工作，也是个竹枝词爱好者。去年底，我们召开了一个小型竹枝新唱座谈会。我在会上特别推荐了您那篇《竹枝歌》（发言稿已在《北京日报》文艺周刊上发表）。我们学会的几位诗友，特别想和您取得联系，希望得到您的指导，也很希望得到您近些年的诗词大作（包括竹枝词），为我会之刊《北京诗苑》增色。现将我会今年第一期《北京诗苑（内有竹枝词座谈会内容）和《北京日报》发表的文章（复印）一并寄给您，请多多指教。

我于七十年代初期至一九八五年曾在北京市

水利局工作，担任副局长。离休前在北京市人大常委会任委员、副秘书长。

不揣冒昧，谨致

大安！

段天顺敬拜
二〇〇三年八月十一日

【注解】

潘家铮先生，系中国工程院院士，副院长，曾任我国新安江大型水电建设工程总工程师。

潘家铮先生的复信

天顺先生：

顷接手书，并赐《诗苑》，稍加披阅，佳作纷陈，至为感谢。早年拙作《新安江上竹枝歌》一文，谬蒙奖揄，既感且愧。我于诗词一道，心虽好之而未入门，偶或涂抹，不登大雅之堂，且多颣废语，又常袭用前人成句，不足为训。所望京华高明时加斧正，以匡不逮。

专此奉复，顺颂

秋祺

潘家铮谨启
二〇〇三年九月六日

与王蒙先生寄赠

王蒙：以诗为别

去秋在太湖边，妻崔瑞芳病情不好，我含泪写了两首七律。

（一）

此身此世此心中，瑞草芳菲煦煦风。

淡对荒唐成一笑，闲抒块垒亦伤情。

何惊浊水同舟渡，有幸晴晖携手行。

忧患人生八百岁，朝云唱罢晚钟鸣。

（二）

京华何处是边疆，古路茫茫恁断肠，

愿我随君经百世，期君与我走八方。

伊犁绿谷情歌苦，拉萨金佛法号长，

好望角端鲸浪跃，莱茵河上送夕阳。

【注解】

写完，芳很感动。我自觉文字尚欠火候，乃致电陕西诗友王锋，请他帮助加工。他立马写了四首（王锋诗略）。

段天顺：为王蒙夫人崔瑞芳
老友病逝挽句致哀及蒙兄回复

蒙兄大鉴：

电告嫂夫人病逝，我即赴八宝山面别。吾兄悲恸形色，未容话慰，现谨寄敬悼嫂夫人崔瑞芳老友挽句一帧，以表哀思。

敬挽王蒙夫人崔瑞芳大姐仙逝

少年情恋，患难鸳鸯；
相夫教子，芳蕤留香。

蒙兄回复：

老段兄：发去那篇文字，主要是几首悼诗。现在是定稿。谢谢你的关心，你讲的深入浅出，对我极有帮助。

王　蒙
2012年5月14日

与刘征先生酬和

刘征：赠诗《燕水竹枝词》

段天顺按：1996年夏，拙作《燕水竹枝词》出版。曾寄赠刘征先生赐教。得先生赠诗云：

广源通惠访遗踪，更爱春郊绿映红。

一卷竹枝唱燕水，相知不恨晚相逢。

先生在信中说："蒙惠《燕水竹枝词》，吟味再四，推古民歌之陈，而出时代之新，深所爱佩。即付赠诗，谨此为复。"

段天顺：刘征先生从事教育与文学活动50年

集杜甫诗句致贺

小　序

　　值刘征先生从事教育和文学创作五十年之际，我又一次拜读先生的文章和诗词著作。当读到："我爱我脚下这块神州大地，她生我养我，给我欢乐又给我忧愁，给我童年又给我白发；……她深深吸入我火烫的泪水，她层层承荷我歪斜的脚印，她舒展我一个又一个明亮的和幽暗的、宏大的和渺小的梦。……我要尽孝，为她梳头，为她洗脸，为她抚摸伤痕，为她涤除污垢，为她穿戴化妆，让她展示举世无双的慈祥和美丽。"（《人向何处去》自序），我心中轰然。这位年逾古稀的老教育家、著名诗人、学者，以其"与年龄不相称的激情倾注着脚下这块苍茫大地"（《砚外说砚》）。他的炽热而深沉的赤子情怀直令我肃然起敬，心中陡然迸出杜甫"世儒多汩没，夫子独声名"的赞叹！于是循杜诗而摘句，集缀成五言排律一首，敬呈先生以表贺忱。

　　　　世儒多汩没，夫子独声名。

　　　　精理通谈笑，忘形向友朋。

　　　　思飘云物动，章罢凤骞腾。

　　　　逸气感清识，波澜独老成。

　　　　砚寒金井水，檐动玉壶冰。

炯炯一心在，悠悠沧海情。

备查：

世儒多汨没，夫子独声名。见杜甫《赠陈二补阙》

精理通谈笑，忘形向友朋。见《赠特进汝阳王二十二韵》

思飘云物动。见《敬赠郑谏议十韵》

章罢凤骞腾。见《赠特进汝阳王二十二韵》

逸气感清识。见《殿中杨监见示张旭草书图》

波澜独老成。见《敬赠郑谏议十韵》

砚寒金井水，檐动玉壶冰。见《赠特进汝阳王二十二韵》

炯炯一心在。见《赠左仆射郑国公严公武》

悠悠沧海情。见《与李十二白同寻范十隐居》

2000年9月

刘征：《梅边漫兴》六首寄天顺学兄

河南的晚冬有如北方的早春。这一天下着淅沥的小雨，并不怎么冷。几位好友来到无锡，参加红豆集团赤兔马总公司举办的春联大赛发奖仪式，会后同到梅园看梅花，并到远香楼饮茶。那梅花有的含苞，有的初放，皎如玉雪，春意盎然，带着晶莹的雨滴，更加清逸绝尘，得诗六首：

晓来呵冻试新妆，绿萼初开犹半藏。

四枝五枝花作雪，三点两点雨生香。

万种风情意态新，宜晴宜雨总宜人。

何曾喜作孤山妇，家在江南红豆村。

柳前石畔野塘边，欲去仍留几度看。

生怕即随西子去，茫茫云水五湖船。

暗香疏影留佳句，白石新词婉以淳。

若向梅边试吟诵，始知无笔画昭君。

梦中香雪浩无涯，玉笛飞声入万家。

却笑五陵溪上客，寻源只解问桃花。

梅枝照眼足消愁，遣性何须酒一瓯。

定是追怀余味永，饮茶同上远香楼。

段天顺：悟到双清更识君

读刘征老《梅边漫兴》

在热闹的春节期间，接到刘征先生寄来的诗《梅边漫兴六首》，他戏称要我"节日佐酒"。而我拜读后却如饮甘泉，神清气逸，遂乘兴诌一首小诗。

不受喧嚣半点尘，序、诗连璧写梅魂。

细吟余味标格永，悟到双清更识君^①。

【注解】

①先生的序和诗，珠联璧合，清丽绝尘，双清也；先生以梅格写人格，双清也。

壬午正月初四（2002年）

刘征：致段天顺并诗

天顺学兄大鉴：

去年城区之宅装修，信件杂乱，加以老迈昏庸，常常误事。以致你半年前的一封来信，近日才见，千迄恕罪。

诗词圈外发展，北京诗词已迈开大步，不知院士诗刊问世否？目前是各有各的圈子，外线作战谈何容易！影视报刊，仍很少诗词之地，有之，则唐宋，当代，谁理你哉！至端午节，两会将共雅集于陶然之亭，届时当一面也，思之思之。

朱小平先生之作，我看了一部分（视力不佳，难以尽览），印象是很好，此君有才华，有灵性。诗中多信手拈来，妙不可言之笔。是性情中人也。看照片，春秋尚富，诗路真个是"大道直如发！"随便谈谈，不知吾兄以为如何？

我仍是老样子，以作诗写字自娱，飘然世外。结庐在世外，而多人境忧。奈何，日本核难，中国抢盐，真个遗憾。

近作一首《采桑子》，游戏笔墨，抄成一笑。

牛排爱吃三分熟，诗爱青莲，字爱张颠，文爱南华梦蝶篇。

沉酣笔兴不知老，半是人间，半是游仙，半是开愁半是玩。

祝好

弟征

初春（2011年）

恭贺刘征老先生九十寿诞

刘征先生是我国当代重要诗人。是享誉全国的诗词大家。多年来在中华诗词学会和北京诗词学会享有很高的声誉。是我们名副其实的老师。今天，喜逢刘征诗翁九十寿诞，祝您老当益壮，寿比南山，继续为中华诗词繁荣和发展再立新功。

记得在上世纪90年代，北京诗词学会成立不久，曾邀请刘征先生来学会做报告，讲的内容是《唐诗明白如话》，以此倡导当代的格律诗应当使用当代的语言。这次报告内容，形成刘征老一篇有广泛影响的著名文章。

当代传统诗词在发展中与"五四"以来发展的白话诗的关系问题，以臧克家、程光锐和刘征组合的"三友诗派"，原来都是以写新诗闻名，而后又写旧体诗的。正如臧克家先生所称："我是一个两面派，新诗旧诗我都爱。"在当时作为"三友"的其他两位，也都是新、旧诗体俱佳的诗人。这给两种诗体运行和发展形成了互相学习和各自发展的良好氛围。

近些年，刘征先生常提出开展诗词文化活动应"跳出去"的主张。当学会刊物《北京诗苑》出现"院士诗词"栏目后，刘征老表示赞赏。对于学会组织部分诗友写成《北京全聚德竹枝词一百首》，也受到了刘征老的赞许。我们很理解刘征老的用心良苦，他的鼓励与批评，都是为了诗词文化的繁荣和发展。

2012年，刘征老又对北京诗词学会开展京味竹枝词写作活动予以指导。他还给我写了一首鼓励的诗：

"国正天心顺，姓名早结缘。同窗晦风雨，联袂唱新天。三五长明月，八十方少年。不须伤逝水，君是竹枝仙。"

刘征老那沉甸甸的诗句，真使我汗颜有愧。我作为您的学生，永远向您学习。

段天顺敬颂

2015年7月5日

与赵洛先生寄赠

段天顺：寄赵洛兄

人日偶题

　　春节正月初七，旧称"人日"，古有题诗传统。文翁赵洛兄来电，传诗索题，"急救"一首。

　　人日文翁倡古风，电传今昔诗话浓。

　　兴余焰火狂飞夜，笑侃"柴花"无觅踪。

赵洛：致天顺方家老友并诗

天顺方家老友：

　　赐书收到，至感至谢！

　　拜览甚喜，不少佳作，反映真切。兄写香港回归，震大汉之天声，消百年之忧愁，就十分精彩，读来神旺。缘竹枝大白话，轻松迷人，恰似窗前新绿的柳丝，摇曳多姿。古人云诗到苏黄尽，为何野火烧不尽，春来又萌生？缘时移世变，天外有天，自能局局翻新。辛亥前后一变，此黄遵宪、丘逢甲我手写我口，能长留天地。今复大异，新境，新情，新意无穷尽，接触有感自激发新诗。元好问曰"眼处心生句自神"，张船山曰"好诗不过近人情"，"真极情难隐，神来句必仙。"为兄贺，为竹枝体诗人贺。

弟曾绍介朴老诗，说："诗是吾家事"，惟弟实不能诗，一句也不行。凑热闹写了几篇诗话，因两度居宣南未能忘。兄又云那篇贾岛，实未写好，何日思重作。因想起比贾岛早生五十三年的寒山，两人为僧为儒又非儒非佛。二〇〇六年五月《佛教文化》曾有一文说寒山诗影响美国一代"嬉皮士"，复印寄呈。可见吟哦非关小事。

　　匆此敬颂

春安

弟赵洛
二〇〇八年四月六日

畿辅千山亘长雄，太行一臂怒趋东。

祝君腰脚长如意，吟遍蜿蜒北干龙。

诗人天顺赠我佳作，书定庵诗一首以为报答

戊子春　赵洛

（赵洛：北京出版社著名文史学者）

与闻性真先生寄赠

闻性真：赠竹枝斋主段天顺先生

拜读竹枝斋主段天顺先生的诗词，的确是诗词大家，所写内容丰富，意境高雅。我写了一首七言绝句，赠天顺先生。

玉裁妙笔注说文[①]，远祖攻金惠稼民[②]。
今日先生歌燕水，竹枝斋里做诗人。

【注解】

①段玉裁有《说文解字注》行于世。

②《考工记》载，上古段氏为攻金之工，专造农器惠民。

2012年4月19日

【天顺注】

此件系闻性真先生为拙著《竹枝斋诗稿》赋诗。闻性真先生，是北京著名文史学者，多年担任北京出版社编审、文史编辑部主任。南开大学毕业，文史学养深厚，为余素所景仰之学者友人。

段天顺：向闻性真先生致谢诗

恭读闻性真先生赠诗《赠竹枝斋主段天顺先生》，才知《考工记》有段氏先祖为"上古攻金之工，专造农器惠民"。余身为段姓后裔，读后颇感荣耀，喜而赋小诗一首以谢性真先生。

远祖迷离考据迟，闻翁史笔朔源诗。

竹枝俚曲愿求教，敬拜先生一字师①。

【注解】

①一字师：唐代诗僧齐己作《早梅》诗，有"村前深雪里，昨夜数枝开"之句，郑谷改"数枝"为"一枝"，齐己下拜。时人称郑谷为"一字师"。

诗人杨万里谈及晋干宝，误作"于宝"，有吏在旁，说，"乃'干宝'，非'于宝'也"。因检韵书为证，万里大喜，说："汝乃吾一字之师"。

2012年4月23日

与陈新谦先生唱和

(一)

　　陈新谦先生，我国著名药学专家，曾任中国药学会常务理事，药学期刊主编。喜传统诗词，曾选编《今人绝句三百首》行世。1996年，陈老先生曾寄《陈新谦绝句选》，余拜读后特以拙诗诚谢。

　　　　未结长歌爱短吟，拈来俯仰入诗心。

　　　　海棠溪畔花如锦^①，朗月春风满杏林。

【注解】

　　①海棠花溪在北京德胜门外土城公园，离陈老较近。

不久，得先生和诗云：

　　　　最喜雄词作曼吟，百花管领焕诗心。

　　　　燕山峰壑无穷碧，引得春风满蓟林。

1999年12月13日

（二）

此后，于2006年6月我又看到《北京诗苑》第二期陈新谦先生《游菖蒲河公园》二首有云：

石桥鱼鸟含天趣，碧水红墙草色新。

莺啭婀娜河畔柳，一声啼缘蓟门春。

再游菖蒲河公园

穿花度柳过亭台，清水一泓迎我来。

奇石如云人欲醉，小桃今向好风开。

【注解】

陈新谦老的两首诗作，又勾起我关于菖蒲河的一段往事的回忆。本来，菖蒲河是明代皇城的东苑内河，位于天安门金水河迤东，经北池子至南长河的一段。在"文革"期间及以后，却盖上水泥板成为一条暗河了。我曾邀约水利界朋友做过探访，并以人大代表身份几次吁请将该河复原。2001年春经北京市政府批准恢复，并于当年施工完成，受到广大市民的欢迎。陈新谦老以耄耋之年，两次逛园，欣喜之情，不胜感动。

2014年5月补记

读《朱小平诗词集》

1992年，余寄小诗《丝路行草》12首给青年诗人朱小平先生，得小平赠诗云："君诗不肯等闲吟，愿做骚坛社里人。花雨斑斓天外落，东风吹着便成春"。并寄大著《朱小平诗词集》。拜读之余感赋小诗以寄。

满卷清风掩慧泉，通今博古任蹁跹。

骚坛才气销歇久，又见翩翩一纳兰。

1993年夏

附：记与诗人朱小平先生的忘年诗缘

读2月8日《北京日报》文化周刊上刊登彭俐先生文章"世间不可缺此一问——读朱小平新著《谁该向中国忏悔》"。该书录有作者朱小平先生的两首古体诗。有一首云："凄凄细雨染松青，剑气依然动魄旌。白骨三千五百万，换来此地受降城"。彭俐先生写道："作者亲访今日之湖南西部的芷江小城，伫立初春的霏霏细雨中追想当年"芷江洽降"（洽谈日军受降之事）的情景。口占七言绝句一首，尽显其古体诗著名诗人特有的深厚功力"。

彭俐先生对朱小平先生的古体诗评价也使我勾起多年来与朱小平先生的忘年诗交。记得早在1992年我曾寄一组小诗给青年编辑朱小平先生，得小平赠诗，并寄来诗集《朱小平诗词集》。诗云：

君诗不肯等闲吟，愿作骚坛社里人。

花雨斑斓天外落，东风吹着便成春。

1998年拙著第二本诗集《新竹枝词集》出版，又得小平赋诗四首，现录二首：

(一)

梦得风流未绝尘，渔阳韵骨铁崖心。

铜盘一扣踏歌起，独树骚坛处处闻。

(二)

书生本色并诗人，经世襟怀断玉昆。

携卷一麾江海去，行间字里见真淳。

2012年6月13日见到《北京社会报》刊有朱小平先生《赠段天顺先生》诗。诗有序言称：武当归来，见《中华诗词》第五期有为段老祝寿诗文特稿，读罢感喟不已。与段老结识卅年，仰止风仪，忝为小友，时蒙奖掖，诗文唱和，段老谦恭，但逢上寿，不可无诗。故补拙章，以祷华枝春满，福祉绵长。

甘棠日下传泽被，老树华枝日暮收。

大寿吟来心止水，拙章补罢月如钩。

家山赖有添花手，辰景何妨映白头。

展卷竹枝歌不尽，薰风依旧豁明眸。

2012年5月28日

有注如下：日下，京华之别称。段老离休前曾任北京水利局副局长、民政局长多年，于水利民生多有劬劳，且有水利专著及校注水利古籍问世。顾炎武诗："苍龙日暮还行雨，老树春深更著花"。

对小平的诗和注，我伫立凝思良久，面对着这位忘年诗友的热情和虔诚，呐呐而语曰："日下结诗缘，卅年古桂攀。悠悠我心动，展辗呼"纳兰"！古桂：出自唐长孙无忌诗"飞泉引凤听，古桂和云攀"。赞扬朱小平先生卅年来在诗文方面的长足进步。而自己却愧对顾炎武的"勉诗"。

说到朱小平先生的诗词作品，我国当代著名的诗词大家刘征先生在2011年曾有评语称：朱小平先生之诗作，我看了一部分，印象是很好。此君有才华，有灵性。诗中多信手拈来，妙不可言之笔。是性情中人也。看照片，春秋尚富，诗路真个是"大道直如发"。

段天顺
2012年

酬谢陈祖美先生

接到吉林大学邮来的《华夏文化论坛》第七辑后，我再次读祖美先生在该辑发表的为拙著《竹枝斋诗稿》所写的诗评文章。文章对拙著中诗词和文章所做的深入细致的评价，给予我诸多鼓励，使我万分感动。仅以小诗代信，倾吐心迹，以表谢忱。

余生古燕地，京西圣水滨^①。

童年爱山歌，老大喜诗文。

人间恤赤子，天上礼白云。

一卷竹枝稿，卅年岁月沉。

赧然赠诗友，文院诗评人。

万言情愫意，精微析意深。

嘱我清源水，勉我意象新。

老夫多喜慰，八十起壮心。

【注解】

①圣水，今名大石河，古称圣水。《水经注》有专题述之。圣水，源京西百花山，汇拒马水、易水。

陪黎沛虹教授游龙庆峡

武汉水电大学水利史志教研室黎沛虹教授于5月下旬应邀来京，陪游龙庆峡。

珞珈三唱和竹枝，五月京城邀故知。

乍见惟期心际会，至交何论酒盈卮。

临流共啸沧浪曲，治史常吟李杜辞。

解道寻梅花事晚，一溪清韵待君诗。

【注解】

珞山，指珞珈山，为武汉水电大学校址。黎教授与余互有诗作唱和。

2000年5月

听中国水利科学研究院
周魁一教授在凤凰台演讲感作

我国著名的水利史研究专家周魁一教授于2007年7月28日在凤凰卫视世纪大讲堂作演讲。提出灾害既有自然属性又有社会属性。听后耳目一新，大开眼界，因成小诗以记。

久违先生胆气豪，如珠隽语凤台高；

一席治水双重论，惊破黄河万里涛！

2007年10月

【注解】

　　2008年5月，周魁一教授在他出版的《水利的历史阅读》著作中写道："凤凰卫视世纪大讲堂"要作一期有关治水哲学思想的节目，找到我，演讲于2007年7月录制并播出后，反应热烈，四处信息陆续传来。老友段天顺先生说道："你这个人是有棱角的。演讲能使不同意见的人也可以坦然接受，功力有长进，可能跟年龄大了也有关。"要我养好身体，还得干，并作七绝（即上诗）。话是鼓励，诗句更是浪漫的鼓励。代表了朋友们的关心。（《水利的历史阅读》第275页）

2010年补记

参加房山区"贾岛诗歌学术研讨会"怀念苗培时老先生

左翼文章大众篇，平西平北忆烽烟。

怀乡热土情难尽，唤醒千年贾浪仙。

【注解】

　　大同盟，一生致力于大众文学。抗战时期曾作战地记者。建国后任过赵树理主编的《说说唱唱》常务编委。曾先后参加《农民日报》和《工人日报》的组建工作。北京地区的平西抗日烈士纪念碑和平北抗日纪念碑文均出自他的手笔。他关心家乡的文化文物建设，曾多次奔走呼吁修复贾岛墓和贾公祠。

2007年11月8日

集绍棠名作兼怀绍棠（三首）

（一）

少年倜傥写青枝，地火狼烟记战时。
哀乐运河桨声里，豆棚瓜架雨如丝。

（二）

蒲柳人家居柳巷，烟村少妇忆蛾眉。
小荷才露尖尖角，香草黄花女塘池。

（三）

乡土传奇四十春，农家子弟话儒林。
京门脸子评书柳，絮语蝈笼美善真。

1996年

【注解】

　　此诗本为老友、著名作家刘绍棠六十岁生日贺诗。他见到后高兴地请人书写下来。不幸，时过一年，绍棠却因病与世长辞。倏忽之间，遽成永别，贺诗亦成为怀人之作矣。因忆及绍棠每出版一书即签名赠我，至今珍存，睹物思人，痛哉！

上述三首诗中包括的刘绍棠同志的著作有：

《青枝绿叶》、《地火》、《水边人的哀乐故事》、《运河的桨声》、《豆棚瓜架雨如丝》、《蒲柳人家》、《瓜棚柳巷》、《烟村四五家》、《村妇》、《蛾眉》、《小荷才露尖尖角》、《十步香草》、《黄花闺女池塘》、《乡土文学四十年》、《一个农家子弟的创作道路》、《京门脸子》、《敬柳亭说书》、《蝈笼絮语》 共十九部。

北戴河夜读
《准文坛轶事》[①]寄一强

几曾"小小"读华篇[②]，良夜滨城看"准坛"。

隽语淋漓说市井，奇思联袂入民苑。

不嫌迟梦难为蝶[③]，却肯摘珠敢涉渊[④]。

更揽人寰新胜景，还从大海悟真诠。

1992年

【注解】

① 《准文坛轶事》为袁一强同志第一部小说集。

② "小小"，指最早在《北京晚报》一分钟小说中读到袁的作品。

③ "迟梦"句，借用《庄周梦蝶》典故。袁一强说，"他的文学梦比别人晚了20年"。

④ "摘珠"句，引《庄子》探骊得珠典故。

贺于国厚老友《向往阳光》出版

　　国厚兄，余挚友也。早在八十年代中期曾一起随中国民政部代表团访问美国和加拿大，当时他是中国社会报总编辑。以后，交往日多，友谊益笃。其于文章、事业建树良多；而人品文品更为敬佩。今闻老友文集出版，不胜欣喜，遂成七律一首，以表贺忱。

万里加邦结友缘，华年走笔跃民坛。

文章烁烁雄中秀，事业拳拳苦亦甘。

独有情怀惟俯首，更留肝胆写直言。

松窗忽忆耕耘乐，一片春阳接柳田。

【注解】

　　1998年在国厚同志倡议下，有孙士杰同志和我三人合作在《中华老年报》副刊上设《松窗随笔》栏目，笔名"俞田柳"。开栏第一篇为国厚所写《向往阳光》。

2000年7月29日

赠著名画家王建成先生 (二首)

参观虎年画虎展

虎展迎春宏宝厅，欣欣人兽舞承平。

争言最喜囡囡仔，笑捧和谐赞建成。

纵横一杆性灵笔

翩翩风度正英年，谐趣忽悠满画坛。

纵横一杆性灵笔，驰骋心源造化间。

2010年

与书画家刘京生先生唱和诗

最难心意两相合，逆水双楫起浩波。

笔底真情浓似火，楚琴台上引讴歌。

【注解】

北京市残联副主席、著名残疾人书画家刘京生先生是一位因伤致残失去双臂的重残人，多年来凭着嘴和胸执笔创作书画，又曾在高等美术学院深造，书画诗并进。1993年，他曾赠我"最难心意两相合，逆水双楫起浩波"句，嘱我对句。不久，他与另两位残疾人书画家在首都博物馆举办"三残画展"，我前往观赏。但见京生书画，秀朴并蕴，灵气满纸，大有精进，喜而续对后两句云："笔底真情浓似火，楚琴台上引讴歌"。楚琴台，指古代俞伯牙与钟子期知音故事。2007年第四期《北京诗苑》发表了京生书写的这首和诗。还发表了他的水仙国画，并题诗云："翡翠裙裳细剪裁，蛮腰低舞下瑶台；凌波浩雪寒潮去，玉面含香春信来"。

1993年

与北京诗词学会驻会诗友酬和

与张桂兴先生酬和

段天顺：诗苑甘苦健美词

喜贺张桂兴会长《鸟巢集》出版

京苑甘苦十年诗，更筑精"巢"健美词。

喜君炼就金刚骨，领绣神州燕赵旗。

【注解】

　　1998年北京诗词学会十周年诗书画展，余题诗有云："十年磨杵绣吟旌，八百银针织凤城"，凤城即京城，北京也。桂兴2005年以来在北京诗词学会担任副会长兼秘书长，后任学会会长于今十年矣。

　　北京诗词学会一直倡导我国优秀诗歌传统燕赵诗风。

2014年4月2日

张桂兴：段天顺会长
《竹枝斋诗稿》的京味

地道京腔韵味长，方言俚语入诗行。

燕山金水情难了，心雨潇潇洒故乡。

【张桂兴注】

段天顺为北京房山人。他提倡推广、普及《竹枝词》特别是京味《竹枝词》使之成为北京诗词学会的一个特色品牌。曾有《燕水竹枝词》集出版。"金水"句指他提案恢复连接金水桥的菖蒲河，现已成为皇城根下的一景。

2014年7月

张桂兴：诉衷情·恩师

缘结民政二十年[①]，一瞬师生两鬓斑。

曾谱新声抒广志，更尊朋友叙真言。

燕山品性扬风采，密水情怀润世间。

引领竹枝吟雅韵，夕阳信步自轩轩。

【注解】

①笔者与段会长同在北京民政局工作，并创办《民政之声报》。

2012年4月

与李增山先生酬和

段天顺：赠李增山诗友

　　李增山同志原是山西临汾军分区副司令员。他喜爱诗词，近期出版《诗醉茶轩》诗集，目录有《茶轩品诗》、《茶轩敲诗》，既有诗，又有论，诗论俱佳，感而成小诗为赠。

　　　　君诗卓有佳，厚积尚薄发。

　　　　燕赵遗风在，登临胸自华。

2011年元月18日

李增山：段天顺先生《竹枝斋诗稿》
问世以来不同凡响感赋

　　　　燕水燕山韵味长，竹枝斋里溢清香。

　　　　粉丝一片迷皆醉，诗酿三杯饮欲狂。

　　　　热血真情凝傲骨，巴音蜀调带京腔。

　　　　江南江北歌飞处，唱罢刘郎唱段郎。

2011年8月1日

与石理俊先生寄赠

石理俊：鹧鸪天·读段天顺
《民苑韵语》喜赋

喜有煦阳暖寿园，伤残励志业非凡。八年心事为民事，敬礼今贤重昔贤。　　举远目，赋大千。潺潺汩汩总天然。燕山活水清如许，一接吟眸一展颜。

【石理俊注】

天顺同志任北京市民政局局长八年，《民苑韵语》吟寿园，颂慈善，褒有为，缅先贤，出语自然，别开生面。

1994年10月30日

石理俊：风入松·赠天顺同志

燕山廿载举吟旌，化雨沐春风。赢得三无变三有，争先进，三次功成。欣看诗朋满座，何妨白发成翁。　　竹枝斋里乐耘耕，秋色共云平。民瘼民情都关爱，把心声，化作诗声。修得襟怀淡泊，依然一介书生。

2012年3月

石理俊：读《竹枝斋诗稿》（二首）

云影天光燕水歌，歌声婉转煦阳和；
春雨春风新笋长，京郊京外竹枝多。

如坐春风友亦师，神思互动两心驰；
日夕置向图画里，清溪明月种竹枝。

2011年5月15日

段天顺：矍铄诗翁一老牛

恭贺石理俊主编八十华诞

矍铄诗翁一老牛，夕阳长短任风流。
亭亭京苑钟灵笔，挥洒耕耘不计秋。

段天顺敬赠
2007年11月21日

石理俊先生依韵奉答

默默平生岂敢牛，水珠落入大江流。
未能电脑唯勤笔，也报天高好个秋。

2007年11月21日

与郑玉伟先生酬和

郑玉伟：感事呈段会长

云松风度水精神，节绽黄花我仰君。

片纸能容流水意，电铃幸遇子期音。

卞和泪尽千年鉴，汉蟒珠酬百代闻。

市义冯谖传佳话，鞠躬芜杂孔明心。

1997年10月

郑玉伟：喜读段天顺先生《梦游张家界》

竹枝听似坐春风，复梦随军上九重。

佳丽三千描彩卷，仙乡五女拜元戎。

才闻贺帅传军令，又见张良伴赤松。

灿烂星辉星灿烂，遥辉天姥烁星空。

1997年12月

郑玉伟：谢段会长赠《新竹枝词集》

山花含笑绿丛中，玉振金声伴好风。

石鸟争鸣春色里，山情水韵爱心融。

1998年12月2日

段天顺：贺北京诗词学会
会刊《诗词园地》
出版百期致郑玉伟主编

十载含辛费剪裁，芸编百卷育诗才。

如今喜绽花千树，笑倚春风次第开。

与李树先先生寄赠

李树先：赠段天顺会长

恨晚盖相倾，仙缘应运生。

谦谦君子度，落落雅人风。

丘壑胸中测，诗书世已惊。

春晖泽草木，百步报兼程。

2005年3月6日

李树先：喜读段天顺会长
《竹枝词讲座稿》

尝惑竹枝运笔悭，喜惊今日见真诠。

景情兼作俗生雅，风趣还含律似宽。

几字诙谐藏隽永，十分淳美胜缠绵。

龙蛇掌上挥胸臆，奔秩绝尘妙手攀。

2005年3月19日

李树先：读《追忆1949年纪事诗》感赋

大业掀天落笔轻，孰云国士但书生？

高堂重望人皆敬，弱冠雄怀我自惊。

鱼水情深飞翰墨，竹枝意远动春风。

雪泥鸿爪沧桑史，又见咆哮万马鸣！

2005年7月2日

段天顺：赠树先——喜读树先
新作《龙燕逸韵》（二首）

李树先先生，黑龙江五常人士，来京近十年，担任北京诗词学会常务理事、副秘书长。还兼基层诗社古典诗词教师。诗词长于七律，著作颇丰。近期拟出版七言律诗三百首成《龙燕逸韵》，洋洋大观，可喜可贺。余喜而仿元曲（正宫）《端正好》颂庆之。

黑土地，五常米，龙江水。北雁南飞。

八年织锦燕京会，妆点诗林翠。

龙燕集，七律绣，展精工。漂来志士。

育人编稿访基层，辛苦秘书丞！

2013年2月16日

与赵清浦先生酬和

赵清浦：空军后勤部礼堂
听段天顺先生讲《漫话竹枝词》

曾道村言不入诗，一番《漫话》解予疑。

民俗俚语当时事，最合拿来作《竹枝》。

【注解】

　　赵清浦，爱新觉罗氏，北京京郊农民。现为《北京诗苑》编辑部主任。

1998年4月9日

赵清浦：题与段天顺先生杏林小照

寻春结伴浴风沙，踏遍山崖与水涯。

性本好吟还好艺，白头依旧赋红花。

2002年3月

赵清浦：步韵呈段公天顺

半生心血付于诗，结社高擎京畿驰。

一路吟声传海内，八方兴唱新竹枝。

2014年8月

段天顺：赠清浦

皇门农籍久传诗，晓畅清新市井驰。

辛勤一管钟灵笔，共绣京苑壮美词。

2014年5月

答谢陈莱芝兄

拙著《燕水竹枝词》1993年6月出版后，老友陈莱芝兄不久赋诗鼓励，诗云："一集华章感地天，钦君不让竹枝贤。江山指点无虚笔，文字激扬有逸篇。"余感而答谢之。

感君彩笔谢君夸，少爱竹枝老未佳。

信是诗心清似水，激扬思绪化梅花。

【注解】

莱芝兄曾在北京诗词学会任副秘书长、《北京诗苑》副主编、学会监事会监事长。

1993年7月

为王儒老作题画诗 (二首)

红 梅

南国梅开早，隆冬艳似霞。
为迎新奥运，先遣到京华。

翠 竹

翠竹风有致，萧萧作雨声；
板桥人去后，犹带恤民情！

2007年11月

赠临宁诗友

万安祭礼仰先烈①，衡岳湘江记友贤②；
难忘拳拳珍重意，年年新岁贺芳笺。

【注解】

　①万安句，指1989年春为纪念李大钊诞辰一百周年，北京市民政局邀请北京诗词学会领导和部分诗友参加"纪念李大钊百年诞辰诗会"。学会领导王建中、齐一飞、沙地、张还吾和诗友陈莱芝、石理俊、许临宁等十几位出席。

　②衡岳句，指2001年北京诗词学会应湖南省诗词协会赵焱森会长之邀，组织访问团赴湘参观学习。临宁诗友参加并积极热情做好访团服务工作。

2008年

与广东增城市罗期明先生寄赠

罗期明: 敬和段天顺先生 倡导竹枝词

风情民俗美名扬, 水网山乡碧玉妆。

源溯夔州歌窈窕, 何妨一试唱增江。

【罗期明注】

2003年《中华诗词》第九期发表的段天顺先生的《竹枝词与时代精神》, 在倡导写作竹枝词方面作了精辟论述, 同时还对拙著《钓鱼诗词三百首》有关竹枝体部分作了充分肯定。我读后得益颇丰, 受到很大鼓舞。

段天顺酬和诗

一俟人间展笑眉, 百花诗国尽淋漓。

今朝南北传薪火, 共种夔州古竹枝。

2004年2月

河北高中老同学聚会唱和（一组）

段天顺：八叟会西苑（打油漫笔）

癸巳"五一"节前夕，在京八位河北高中（简称冀高）老同学邀约西苑饭店相聚。年长者85岁，年幼者79岁，盖属八零后也。时惠风和畅，人寿年丰，兴之所至，戏成打油十余首，呈诸学友笑纳。

（一）

春花烂漫红，五一佳节至；
冀高八学子，西苑邀相聚。

（二）

当年同学友，相别六十春；
荣居"八零"后，聚会有精神。

（三）

见面手紧握，姓名叫不出。
端详寻旧貌，把臂一声呼。

（四）

冀高是摇篮，革命代相传。

"民联"与"民青"，支书是少年。

【注解】

北京解放初，由北京地下党领导的"民主青年联盟"（简称"民联"）和"民主青年同盟"（简称"民青"），两个革命青年组织合并成立支部。第一任支部书记是王蒙，当时是河北高中一年级学生，地下党员，年14岁。

（五）

今见支书面，欢声满庭院；

愿接新任务，随时听"召唤"。

（六）

学兄刘鹏志，干练多才艺。

演戏坐牢房，坚强好"战士"。

【注解】

北京解放前，1948年4月17日，进步同学在学校组织演出活动，遭国民党反动派迫害，鹏志等十余位同学遭暴打坐牢，直到北平和平解放前夕才释放。

（七）

复学迎黎明，主掌学生会。
领队扛大旗，开国激情泪。

【注解】

鹏志兄复学后，担任学生会主席，带领同学参加天安门广场开国大典，与同学们热情狂欢，喜泪盈面。

（八）

围坐聊往事，签书赠故人。
俄文歌"遥远"，低首复沉吟。

【注解】

六十年后，八位老同学相聚围坐谈往事。老支书王蒙带来他的大作，分别签名赠送诸学友，并深情地用俄文唱了一首苏联老歌《在遥远的地方》，悠远情长。

（九）

高校名教授，清华有嘉声。

聘长科技大，青衫学子风。

【注解】

刘迺泉兄，高中时校团总支委员，曾任代理书记。清华大学工程物理系毕业后，留校任教多年，是我国著名工程物理专家。

（十）

文教结缘久，耕耘不计秋。

年届八十五，星光绕白头。

【注解】

孙克刚兄，多年从事文教事业，是北京石景山区主管文教的老区长，北京市先进离退休老干部。

（十一）

开朗团宣委，高研经济学；

老骥虽伏枥，轮车情更多。

【注解】

王绍顺兄，高中读书时，任青年团总支宣传委员。大学毕业后曾任政法大学教授，经济学研究学者。今扶病由子女推轮车前来会友，诸同学纷纷与之合影留念。

（十二）

早岁同窗友，精勤政法人。

一曲《洪羊洞》，余杨有续音。

【注解】

殷树良兄，初、高中老同学，在北京政法战线工作多年，曾担任北京司法局领导，在聚会上，即兴清唱京剧《洪羊洞》，苍劲婉约，有余（叔岩）、杨（宝森）余响。

（十三）

公安六十秋，经保综治谋。

谈吐多幽默，随机顺口溜。

【注解】

申大壮兄当场朗读自作《欢歌八老会》廿韵。尾声有云："六十年前读书郎，流金岁月友情长；青春虽逝人未老，谈笑歌诗兴味狂。"可谓诗情并茂。

尾　诗

天地有正气，杂然付流行。
铮铮旷达者，不悔度人生。

段天顺即兴
2013年5月20日

王蒙：青春无价冀高风

为河北高中八位同学聚会而作

耄耋初度意从容，旧雨珍惜得再逢，
犹似当年怀壮烈，青春无价冀高风。

2013年8月

刘鹏志："五一"老友相聚感怀

"五一"①老友会"西苑"②，回首同窗"甲子前"③；

谈笑往事呼绰号，皆为童心耄耋年。

风云激荡乾坤转，献身革命众"二员"④；

追逐光明投学运，身陷囹圄志更坚。

奋斗各线数十载，人人岗位有贡献；

院士部长人才济，文学骄子一少年⑤。

吟诗放歌咏国粹⑥，当年风采今又现；

八叟久别得相聚，尽心操持谢老段⑦。

今日谈欢互祝愿，更望相聚在来年。

【注解】

①指2013年"五一劳动节"。

②指北京西苑饭店。

③参加聚会的老友都是65年前的老同学。

④参加聚会的八位老友皆为地下"民联"盟员、共产党员。

⑤指参加聚会的，14岁入党，时任北平河北高中第一任民联支部书记的王蒙。他19岁开始发表文学著作，至今发表千万字以上。

⑥在聚会上，申大壮吟诗一首；王蒙高歌一曲苏联歌曲；殷树良高唱一段京剧。

⑦指组织聚会的，时任北平河北高中青年团第一任总支书记的段天顺。

2013年5月5日

孙克刚：与冀高同学聚会有感

忆昔六十余年前，冀高同学又同船[①]。

马列春风吹人暖，共产主义沁心田。

与敌拼搏有胜负，斗中炼就意志坚。

耄耋之年来相会，百感交集话从前。

病多人老心气高，复兴之梦见桅杆。

老骥伏枥再相约，练好身体献馀年。

【注解】

① "同船"指同走革命的道路。

2013年4月29日

刘逦泉：河北高中校友
相聚西苑宾馆有感

冀高校友聚西苑，沥沥往事记心间；

鹏志高举革命旗，振臂高呼敌胆寒；

崇民操场一席话，顿开茅塞起波澜；

殿真来访指方向，毅然许身入民联；

从此开始革命路，夜间出没斗敌顽；

四九北京迎解放，腰鼓歌舞闹翻天；

鹏志导演讽刺剧，大壮逦泉来表演；

逗得台下哈哈笑，激发斗志南下团；

支部公开在墙上，贵忠学长露真面；

民主青年团成立，天顺领导显才干；

往事弹指一挥间，世上已过六十年；

今日难得再相聚，来日议长做贡献。

2013年5月

申大壮：八老相聚歌

今天八位八旬老，六十年后再聚首。

王蒙文采称宇内，老庄注释传神州。

天顺从政五十载，京城诗社结友俦。

克刚挥笔宗欧赵，文教耕耘著春秋。

迺泉献身育学子，工程科技为国谋。

树良此生事政法，终将业绩留优秀。

绍顺归来三千里，研究生院盛名留。

鹏志少年英俊爽，为迎解放坐"楚囚"。

大壮酒兴乐难收，喜赠诸君顺口溜：

席间举杯叙情谊，吾辈原是读书郎。

青春虽逝心未老，谈笑歌诗兴味狂。

2013年5月15日

殷树良：西苑厅纪事

二零一三年四月二十九日，应天顺兄之邀，赴西苑饭店西苑厅参加河北高中老同学聚会。会后，天顺兄命作诗一首。余虽甚喜读诗，但作诗尚未入门，仅诌得顺口溜充数，以记当时之盛况耳。

八老八旬聚一堂，当年俱是好同窗。

曾经风雨襟怀广，历尽沧桑意志强。

留影签名贻大作，谈心叙旧咏华章。

惜别共愿人长久，来日重逢话夕阳。

2013年5月15日

附：两位老同学赠诗

王振智学兄寄诗叙旧

回首当年话友情，峥嵘岁月谱人生。

联星堂上文章韵①，什刹海空社鼓声②。

芳草地间怜瘦叟，劲松斋里拜诗翁。

天公假我无多日，也唱人间重晚晴。

2000年12月28日

【天顺注】

①"联星堂"，我与王振智兄于1947—1948年在北京市立八

中读初中，学生宿舍在北京菜市口扬州会馆。馆内大堂居学生10余人，堂内悬挂清刘墉的"联星堂"题匾。

②"什刹海"指1949年初北京和平解放时同学结队去什刹海街道歌舞欢庆。

王振智学兄2013年春节赠联

天兄桂姐

　　春节快乐：

　　　　画室随心施笔墨

　　　　诗园着意唱竹枝

　　　　　　　　　　　　老王拜于壬辰岁尾

【注解】

　　王振智是我中学老同学，多年老友，高级工程师。喜好楹联，近些年每年寄对联贺年，非常感谢。

　　　　殷树良：赠天顺兄

　　相逢如故五十秋，横溢才华誉吾俦。
　　南海岸边文采显，后门桥畔展风流。
　　讴歌燕水诗篇美，民苑集章政绩优。

历尽沧桑人未老，竹枝新唱响神州。

1999年8月

天顺后记:

这是与我初、高中时的老同学、老朋友殷树良同志给我写的一封诗信。诗中每多夸奖之词，不敢承受。而南海岸的四存中学少年学子、后门桥畔的高中同学迎接北平解放，仍是回味无穷。至今八十老迈，友谊长青，善哉! 福哉!

殷树良: 读天顺兄
所赠新作《京水名桥》

竹枝一曲誉京华，乐水知山亦大家。
纵论千年行万里，梦随妙笔赴天涯。

2003年7月

【注解】

大作《京水名桥》一书已经拜读了，写得太好了。此书一开始说: "北方有个湾，湾里有座城，"接着谈了曹植在蓟城北门外吟咏的《艳歌行》一诗，笔法甚为新颖。其中不仅讲过水利方面的知识，还结合谈了许多有关历史地理、诗词、民俗及人物故事，读之十分引人入胜。

与家乡诗友酬和寄赠

段天顺：读冯绍邦《枫窗闲赋》

满卷诗思作苦吟，一行一字铸精神；

阆仙风骨千年后，又绕家山圣水滨。[①]

【注解】

①阆仙，即贾岛，北京房山人。圣水，即房山大石河，古称圣水。

2004年4月

写完读冯绍邦《枫窗闲赋》后，同年，得绍邦先生《贺新郎》词作答。词语谦谦，不敢当也，兹录于下。

冯绍邦：贺新郎

致段天顺同志

与子神交久。少年时，只闻名号，未蒙君授。屈指于今五十载，敬仰情怀依旧。盼有日，聆听金口。太息蹉跎人已老，问个中滋味天知否？今剩下，容颜瘦。　　家乡山水千般秀。育人才，赵钱孙李，段公如炬。率众诗家游韵海，仄仄平平句读。其乐矣，香盈衣袖。诗苑花开红烂漫，吐心声且把春光绣。君领我，手拉手。

【冯绍邦注】

2004年5月1日，欣得北京诗词学会段天顺会长赠诗，吾以《贺新郎》词作答。

段天顺：致房山云水诗社社长冯绍邦先生并诗社诸诗友

绍邦同志并房山云水诗社诸诗友：

你们好！去年我曾参加房山云水诗社一次活动。在和大家交谈中，对当前如何提高诗词作品的质量问题，曾谈到一些想法。我认为，我国传统诗词，是中华民族文化精粹。提高写作质量，首先要立足于学，提高诗词文化的学养。要以百分之七十的分量去学，百分之三十的分量去写。并举出您的诗作为例做了说明。我还寄希望你们早日形成房山的"诗人群"！后来，我在今年四月北京诗词学会第四次会员代表大会上也讲了这方面内容。

　　今年春天，我见到了我国著名诗词大家、北京诗词学会名誉会长刘征老先生，我向他报告了去年去房山云水诗社参加诗会活动的情况，后又将您的部分诗稿寄他指教，他看后十分高兴。除了在您的诗稿上做了眉批圈点外，还写了一封热情的信和题字。我看后，觉得信的内容具有普遍指导意义，十分珍贵。希望各位诗友，学出成绩，写出水平，逐渐形成房山的"诗人群"！

　　谨致

夏安！

段天顺

2012年7月12日

段天顺：冯绍邦先生
三首诗社活动的七言律诗

　　北京诗词学会有近50个诗社，20多年来活跃于北京的城乡和社区，形成一道十分活跃的文化风景线。近读房山区云水诗社社长冯绍邦先生写的几首关于诗社活动的七言律诗，读来颇有兴味，今录下几首与广大诗友共品赏。

一、贺房山诗联学会成立

文苑花开耀眼红，诗联一脉总关情。

宁哼俚语千言俗，不写官腔满纸空。

砚底波涛连四海，笔端韵律为三农。

阆仙去后诗魂在，撞响房山世纪钟。

有评者论：这种学会章程式的诗，实在难写，能写到这个程度——既有章程的任务，又有诗的韵味，也就不容易了。

2005年6月23日

二、致诗友

日日难逢月月逢，雅俗兼备共传承。

大都市里小人物，旧体诗中新感情。

谁画千张无败笔，孰能百首尽佳声。

苍天不助耽诗客，自编自演自装订。

三、2011年元旦寄云水诗社诸诗友

相聚学诗自在爬，冠名云水种金瓜。

歌飞陇上三千里，韵吐心头四季花。

才借雷音当警句，又抓鸟语入诗匣。

吾修一曲清平乐，遍送城乡百姓家。

【注解】

本来，我国的古体诗（主要指格律诗）是以古代社会的语言来表达古体诗歌韵律的。而现在，我们提倡以现代语言来写带韵味的古体诗，这是个难题。绍邦先生看到了这一"难题"，他明白要达到"雅俗共赏"，就要在语言的通俗易懂上下功夫。下力气使用现代语言写现代的古体诗。从以上三题的七律诗来看，他学出了成绩，写出了水平。正如前几年刘征老先生给他写信称："您的作品最大特色是通俗易懂，而诗味颇浓。'宁哼俚曲千言俗，不写官腔满纸空'。好啊！这俗不是浅俗、低俗，而是平民意识。这要称作诗歌宣言，深表赞佩。"

......

2014年4月

段天顺：打油诚谢吕甫英诗友

拙著《竹枝斋诗稿》出版后，房山吕甫英诗友写了十二首读诗有感。感情真挚，语意叮咛。他有一首说："小诗虽然低水平，不是奉扬是心声。但愿房山多才子，一代更比一代能。"我感谢他的盛情，也写了一首打油敬谢。

世态浮华夺眼球，浓妆艳炒逞风流。

大房岭下甫英老，独领唐风唱"打油"。

2011年7月

段天顺：赠崔育文诗友

戎装卸了换民装，结社重燃燕赵光。

自古高山出俊鸟，爱君诗韵美如簧。

【注解】

　　乡梓诗友崔育文先生生长房山山区，自号佛子山人。多年担任北京诗词学会理事，活跃于城乡诗词文化社团。作品清丽动人，每有佳思俏语，引人欣慕。

　　育文先生与房山诗人冯绍邦先生为同窗好友。绍邦有《虞美人·读育文兄诗稿》称："依旧亦豪亦侠亦温文"之句。

2012年5月15日

谭泽：段天顺先生
为房山云水诗社赠书有感

五月端阳啼燕莺，融融斗室聚吟翁。

竹枝斋主情盈卷，云水诗苑韵绕厅。

字字玑珠凝丽句，滔滔话语道心声。

同歌吟长八秩健，更待期颐唱大风。

潘会楼：喜接
段天顺先生赠书感作

　　段天顺先生为《北京志》副主编。曾任北京市水利局副局长、民政局局长、北京市人大副秘书长等。他是我的同乡房山区河北镇人。河北镇有条大石河，古称圣水，发源于百花山，北京最早的城市蓟城，即建在圣水河畔。作为大石河哺育的子民，我们都引以为荣。段老每有佳作多次赠我，因成小诗诚谢。

接段天顺赠《燕水古今谈》

忘年交友诗意浓，最喜家乡晤先生。
愿为山溪一滴水，也入大海起涛声。

1994年4月

接段天顺先生赠《民苑集》

先生送我《民苑集》，篇篇文章撩人思。
眼前忽现石河水，汩汩清流颂友谊。

1996年10月

接段天顺先生赠《新竹枝词集》

先生送我《竹枝词》，殷殷期望两相知。
砚池泛起春江水，乡情催我赋新诗。

1999年5月

【注解】

潘会楼，男，北京京西矿务局宣传部高级政工师，多年从事

史志写作，主编《北京煤炭史志资料总集》，《北京煤炭史话》
等，为《全国煤炭史志》编纂委员会委员。

诚谢祖振扣先生

本是堂堂外事官，常持诗笔绣联坛。

年年雅意结佳友，尽把真情落美笺。

【注解】

　　祖振扣先生，从事外交工作，对诗联文化喜好既久，造诣
弥深。曾任北京楹联学会副会长。我们相识后，即收到他寄送的
贺年卡，每帧贺卡均有他亲撰的春联，并以工整的钢笔字书写而
成。从2000年开始至今，年年不断，于今已十一年矣。他在一封
信中写道："我总觉得在新春佳节到来之前，花些时间和心思撰
写几幅贺年对联，再郑重其事地写在贺卡上，寄出去，表达自己
对亲朋师友的祝福和谢忱，似乎有更多的真情投入，这是我多年
来形成的习惯。"我读信后深受感动，因成小诗，诚表谢意。

2010年

喜《北京楹联集成》出版
并向何永年会长致贺（三首）

小 序

　　《北京楹联集成》出版了，这是北京楹联学会成立以来对首都楹联文化的传承和发展做了一项至关重要的基础建设工程。

　　新时期以来，北京楹联学会在北京市文联领导下，经过几届领导班子和广大联友的努力，特别是有一批专门从事搜集和编辑工作的联友们的艰苦劳动，终于胜利完成这项基础建设的光荣任务。我再一次表示对何永年会长的崇敬之情，是他向当时北京市王岐山市长写信，得到市政府的专款，才得以付梓成书。高兴之余，得小诗三首以示祝贺。

2008年5月10日

（一）

十年磨剑苦经营，羞涩囊空几欲停；

京尹一挥神气壮，万斛珠玉落"集成"。

【注解】

　　杜甫诗："囊空恐羞涩，留得一钱看"。京尹，北京市长也。

（二）

一从御笔落文苑，光耀京都数百年；^①

胜国诗联联袂起，三江四海领长澜！

【注解】

　①清代在康熙乾隆的倡导下，联苑兴旺，为历代之冠。

（三）

新时有味过年丰，十万春联红满城^①；

欲问人家何所爱？迎奥运与重民生。

【注解】

　①近年，北京楹联学会与有关单位联合举办"十万春联送社区"，"迎奥运"等大型楹联文化活动。

读《春日忆旧》致吴增祥老友

读4月4日《北京社会报》吴增祥《春日忆旧》，怀思近些年逝去的殡葬职工，感人至深。吴是北京市殡葬管理处的老处长。特赋小诗致增祥老友。

倾心长忆事殡仪，日日庭堂伴泪滋。

谁解墓园输血雨，教人低首动情思！

2007年4月23日

赠大宝化妆品
总公司董事长杜斌老友

谁人不识大宝香！卌载扶残布善长。

好是人间施润泽，还将美意护慈航！

【注解】

杜斌从农村插队回城即分配到北京残疾人福利工厂工作，为残疾人事业服务近四十年矣。曾任五金厂厂长，后任三露厂厂长。从他担任该厂厂长后，该厂的"大宝"牌护肤霜荣获"中国名牌产品"称号，在中国市场同类产品连续十一年名列销量第一。其本人被评为全国劳动模范，北京市十佳厂长。他还多年热心支持教育文化慈善方面的公益事业，受到广泛好评。获得民政部、中华慈善总会授予的《爱心中国——首届中华百位慈善人物》的荣誉。

2007年9月

赠北京市残联
理事长赵春鸾老友[①]

仍是征尘未解鞍，艰辛廿载创斑斓。

华严故旧夸良仆[②]，一路红花伴斐然。

2007年

【注解】

①2008年10月，北京残奥会后，春鸾到我家中看望，她已年届退休。我回想起她二十多年前从海军南海舰队转业到北京市民政局，无论是担任北京市第一福利院院长、社会福利处处长，还是市民政局副局长，都是连创佳绩，政绩斐然。及至担任北京市残联理事长后，十载艰辛，更著辉煌，为北京残疾人事业做出贡献。遂喜而口占小诗，恭颂好友。

②华严：指北京市社会福利管理单位所在地华严里。

致王小娥总编

贺《北京社会报》成立20周年

壮志情怀历苦辛，民生街巷系知心。

廿年欣看拿云手，玉树临风耀上林！

2007年7月

喜晤老友郝士莹^①

家乡山水浴清纯，六十年前两天真。

纵使风霜黎人老，相逢仍是旧童心。

【注解】

①郝士莹，同乡，同龄，同窗，毕业于同一所小学，余之好友。今夏，士莹从东北来京，至余怀柔寓所小住二日。有朋自远方来，不亦乐乎！

2005年7月

恭读李庆寿老先生
《回忆录》并呈李老

书生投笔赴征尘，驱寇歼敌几献身。

百战归来倚马立，敢将只眼鉴乾坤。

2009年

恭读刘振堂《壮哉1949——随四野 南征亲履纪实》

刘公经百战，耄耋作诗翁。开国六十载，慷慨忆南征。神威出辽沈，平津一线横。中南争半壁，逐鹿下千城。红旗插五指，崖海尽欢腾。洋洋近百韵，战史何峥嵘。

君持春秋笔，亲履志实情。诗雄浮血色，文采溢兰馨。大笔描"困兽"，"白龙"走"麦城"。牵"鼻"展奇术，"猛揍"似山崩。张弛堪有度，巨细表分明。更遵老传统，官长爱士兵。大军行日夜，疫病袭军营。南方多瘴疠，北旅受侵凌。军中传号令，体质复康宁。读之心感动，战火浴真情。

诗终行八韵，耆老发心声。苍松映白雪，鸠杖伫阶庭。老兵何所思？战友几回逢。老兵何所意？民族望复兴。淡泊明素志，月白与风清。

2009年刘振堂原诗载于总参北极寺老干部诗词集《桑榆情》（十三）

感谢湖南省诗词协会赵焱森会长暨刘人寿、李曙初诸吟长

赴湘几度觅吟师，今日逢君悔拜迟。

百斛才情弥梦泽，多般翰墨领高枝。

衡峰耸翠云迴鼎，竹影流斑泪染祠。

共仰楚天灵气胜，屈骚贾赋润之诗。

2001年6月12日

丁亥春节寄湖南诗词协会会长赵焱森吟长贺年[①]

燕台初会识荆州，衡岳三湘作伴游；

每忆豪情思俊逸，一吟七律一登楼！

2007年2月

【注解】

　　①赵公七律为诗界所赏。2007年元月赵焱森吟长寄诗贺年云："又是春来绿上林，何珍可慰故人心。思之惟有真情牵，道义相交贵似金。"

辛巳春节向诗词专家
陈明强教授贺年[①]

学炳杏坛馨宿士

诗如春水沁京苑

【注解】

①陈明强教授曾为北京多处老年大学讲授诗词，深受欢迎。有诗集《春水集》。

2001年春节

给老友段义辅、李荣华拜年[①]

卓尔青松品

浩乎密云情

【注解】

①段义辅、李荣华是密云县的老干部。我于1969年下放密云县后与之相识，结为挚友。

2001年春节

贺寿雅集

蒹葭秋水望东瀛

遥贺日本假肢专家浅井一郎先生八十寿辰

廿载情谊一水牵，义肢事业结拳拳。

天公既赋金刚体，只道八十是壮年。

【注解】

浅井一郎先生是日本假肢专家，担任北京假肢厂顾问、名誉厂长多年。曾荣获我国国务院外国专家局颁发的有突出贡献的外国专家友谊奖。1994年先生回国后曾寄《我的手》一诗，感情真挚动人，余曾赋诗回赠。今值先生八十寿辰，特作小诗遥贺。

1999年2月春节

贺中科院院士著名历史地理学家、北京大学教授侯仁之老先生九十大寿 （贺联）

学贯古今　深谙北京沧桑史

识秉中外　续志中华山海经

2001年

贺中国水利史研究会老会长姚汉源老先生九十华诞 (贺联)

德满学林共贺苍松歌大寿

名成禹业还随玄鹤享期颐

2003年2月

山到秋深红更多

贺宋韶仁老友八十华诞

宋老八十鬓未皤，联坛一帜领燕铎。

行囊夔铄长安道，击埂讴歌太液波。

雅对结缘闲弄趣，京胡作伴乐祥和。

贺君喜赠随园句："山到秋深红更多。"

2005年7月30日

为王儒老八十寿贺联[①]

早岁请长缨奋身救国戎马关山酬壮志

晚年挥灵笔礼师齐门吟坛画苑见精神

【注解】

①王儒老从上世纪九十年代初开始，长期担任北京诗词学会

副会长兼秘书长，主持学会日常工作。对学会的建设和发展尽心竭力，做出很大贡献。他长于国画，有绘画专集出版。

2006年9月

贺王宝骏老先生八十华诞

诗联书艺任风流，京北文苑一骏牛；

两耳不闻窗外事[①]，勤持史笔志怀柔。

【注解】

①王宝骏先生多年在怀柔工作，博学多识，通怀柔文史，是建国后怀柔区志的主编。曾主持怀柔区诗词楹联学会。两耳句，指王宝骏先生中年后两耳失聪。

2007年

贺陈莱芝老友八十华诞

曾经戎马抗倭顽，驱蒋身留弹片残。

文武军中多贡献，廿年诗笔筑吟坛。

【注解】

莱芝兄曾在北京诗词学会任副秘书长、《北京诗苑》副主编、学会监事会监事长。

2008年6月20日

贺著名诗评家、诗人
杨金亭先生八十大寿 (贺联)

雅韵金声，廿载京华馨两苑，

年丰人寿，三千桃李拜一门。

段天顺　敬题

【注解】

"两苑"指金亭兄长期担任中华诗词学会会刊《中华诗词》
和北京诗词学会会刊《北京诗苑》的主编。

2011年7月9日

贺中华诗词学会
副会长梁东兄八十华诞

梁公豪气贯长空，引得诗情气自虹。

耄耋自诩"八零后"，加十再争"九龄童"。

诗教勤传国粹力，书联神领壮歌行。

忽听锣鼓琴弦起，名票原来是老兄！

段天顺　2012年6月敬赠
同年11月改定

恭贺北京诗词学会
副会长赵慧文老师八十华诞

　　赵慧文老师是北京诗词学会多年的副会长，也是北京朝阳区诗词研究会会长。赵老师一生从事文教事业，是北京老年大学著名的诗词教授，出版过多部历代著名诗词研究专著，在北京诗词界享有师名。今逢八十华诞，衷心祝愿赵老师百岁期颐，健康幸福，并题打油诗一首致贺。

　　　诗苑勤劳桃李枝，慧文教授美名驰。

　　　京门多少诗词友，都道吾师是赵师。

段天顺　敬赠
2013年10月22日

恭贺北京诗词学会
副会长易海云诗翁八十华诞

　　海云诗兄多年担任北京诗词学会副会长和海淀区香山诗社社长。该诗社是北京诗词学会成立时成员之一。海云为诗，清新流畅，余所爱佩。昔年余赠拙诗有云："读海云诗好畅怀，天遥海阔作安排。一支彩笔泼复点，幅幅丹青入画来。"今逢易兄八十大寿，诗情乍涌，草成打油诗一绝，以志贺忱。

　　　海云诗笔写香山，墨染颐园漾翠兰。

　　　纵使时光催人老，怡然福彩照天年[①]。

【注解】

①据《黄帝内经》，天年120岁，相信海云兄一定能达到。

段天顺敬赠

2013年10月22日

京苑首卷读君诗

恭贺柳科正主编八十华诞

　　1988年北京诗词学会成立后，出版的第一期会刊上即刊有柳科正先生的诗作。以后他担任《北京诗苑》副主编、主编。他还是我会编选《北京宣南诗词选》的常务副主编，《诗为伴》主编，为北京诗词文化做出贡献。他写的七律诗，享誉北京旧体诗坛。最近，喜见柳老《鹪鹩集》出版，正值诗翁八十华诞，可喜可贺。

京苑首卷见君诗，岁岁专刊觅绮词。

负苦宣南传薪手，《鹪鹩》七律是吾师。

段天顺敬赠

2013年10月22日

八十感怀

我非常感谢中华诗词学会和北京诗词学会的老师和诗友们，为我80岁生日举办这场亲切而隆重的祝寿活动。我虽然几次恳辞，都被郑伯农和张桂兴二位先生拒绝。我非常珍念，我就任北京诗词学会会长18年来，与两会诸公结成真诚友谊，领会各位老师与诗友对我生日的热情祝愿。

借此机会也想讲几句心里话。我所以恳辞为我办祝寿活动，首先，我从来没有以这种形式做过祝寿活动。包括我在50岁、60岁、70岁时，都是家里人聚一聚，做点菜，吃顿面条就算了。我认为人到老年，过着平静安康的生活就是寿；让人活得踏实就是福。有人说我对生活、工作都比较"低调"，不事张扬，我以为确是这样。但这绝不是我故作谦虚。最近，我看到一篇文章，题目是"低调是一种豁达，更是一种智慧"，这自然是一篇好文章。但我自己的"低调"态度，确实是实事求是，是真实的我。比如，对自己写的诗词作品，我只是诗词爱好者，谈不到什么"家"，什么"师"。我认为写出好作品，当然要靠自己的努力，要靠对人生的各种生活体验和感悟。然而，写诗还要有诗思、诗味、诗的灵感、形象思维。总之，需要有写诗的才气和天赋悟性。而我在诗词写作中，却常常感觉到这方面的缺失。因此，我不喜欢在诗词领域中徒有虚名或冒名。所以，在我70岁时，我有一首《戏题》的小诗，其中有两句："回首夕阳轻自笑，还他一介是书生"。因为，我一生爱读书，也喜欢书，特别喜欢看杂书，属于好读书，不求甚解之流。实际上当一介书生，也就不简单了。石理俊老友在送我的一首《风入松》中说："修得襟怀淡泊，依然一介书生"，知我者，石兄也。现在，当我80岁来临时，我的几个孩子送我的条幅是"陶然共忘机"。这是从李白诗中摘下来的，也完全符合我的心意。最近，我看到老友王蒙在《我的黄昏哲学》一文中说"人生最缺失的是什么？是时间、是经验、是学问，更是一种比较纯净的心情"。我很欣赏蒙兄的"悟"性！"陶然共忘机"正是我需要进入的那"比较纯净心情"的一种境界！

　　祝寿会上感动那么多老师和诗友的赠诗、赠联；尤其86岁高龄的当代著名诗翁刘征老先生和夫人也前来参加，带来他亲手书写的贺联和诗。刘征老多年担任北京诗词学会的名誉会长，多次参加学会活动，经常指导我会的工作。无论对于学会和我个人都是我们的导师。

为了酬谢各位老师和诗友的盛情光临，在祝寿会上我背诵几首古诗，以表谢忱。分别是李白《春夜宴桃李园序》、王勃《滕王阁》诗、崔颢《黄鹤楼》诗。其中的名句："夫天地者，万物之逆旅；光阴者，百代之过客。"、"物换星移几度秋"、"白云千载空悠悠"，古人的那种哲理、意境，对人生的感悟，对于我而言，真是"苟日新，日日新，又日新"。

附：朋友贺诗选

恭贺段天顺会长八十华诞

刘明耀

壮岁京华兴水利，行吟燕赵唱竹枝。
鹤年心有千秋计，信步林泉万卷书。

贺京华名士段天顺先生八十寿

黄安　项大章

善水鲲留影
竹枝满天霞

2012年10月24日

敬贺段天顺会长八十鹤寿

张桂兴

缘结民政二十年[①]，一瞬师生两鬓斑。

曾谱新声抒广志，更尊朋友叙真言。

燕山品性扬风采，密水情怀润世间。

引领竹枝吟雅韵，夕阳信步自轩轩。

【注解】

　　①笔者与段会长同在北京民政局工作，并创办《民政之声报》。

2012年4月

敬赠北京诗词学会
段天顺会长

林宗源

　　2011年6月4日，北京诗词学会段天顺会长一路风光，亲赴故里房山，为诗社社员讲授诗艺，签名赠送新作《竹枝斋诗稿》。全体社员祝段老健康长寿。

满座春风暖课堂，箴言一捧亮心房。

诗怀几度思云水，社友今番祝寿康。

梦境撒花游拒马，笔端遗爱绕老乡。

竹枝展叶萌新绿，种在桑园吐异香。

2011年6月4日

清平乐

敬贺段天顺会长八秩华诞

王国俊①

八旬寿考，本色书生俏。云水襟怀人不老，弟子举杯庆表。　　一生仁政辛劳，燕郊治水功高。引领竹枝新唱，和声万里香飘。

【注解】

①王国俊，女，北京市朝阳区金台诗社社长，退休中学老师。

赠段天顺先生

朱小平

武当归来，见《中华诗词》第五期有为段老祝寿诗文特稿，读罢感喟不已。与段老结识卅年，仰止风仪，忝为小友，时蒙奖

掖，诗文唱和，段老谦恭，但逢上寿，不可无诗。故补拙章，以
祷华枝春满，福祉绵长。

甘棠日下传泽被，老树华枝日暮收。
大寿吟来心止水，拙章补罢月如钩。

家山赖有添花手，辰景何坊映白头。
展卷竹枝歌不尽，薰风依旧豁明眸。

2012年5月28日

国正天心顺　君是竹枝仙

——祝贺段天顺80寿辰诗友聚会侧记

《中华诗词》记者　韩丹伊

2012年3月21日，中华诗词学会和北京诗词学会
的同仁，在京民大厦举办了一次小型聚会，共同祝贺
中华诗词学会顾问、北京诗词学会会长段天顺80寿
辰。郑伯农、李文朝、刘征、杨金亭、梁东、雍文
华、晨崧、赵京战、张桂兴等40余人出席。气氛热
烈，诗话情深。

聚会由中华诗词学会副会长、北京诗词学会常
务副会长张桂兴主持。他首先致辞，全面回顾总结了

段天顺会长18年来领导北京诗词学会取得的成绩和经验，概括为五个方面；一是牢牢把握发展方向，始终坚持"二为"方向和"双百"方针。二是树立品牌，突出特色。如倡导竹枝词，又如提倡燕赵诗风。三是开展培训，提倡精品。四是服务北京、服务社会。他经常强调，作为北京的文化社团，要为北京服务，为北京的文化发展服务，为首都的精神文明建设和社会和谐服务。五是和谐建会，服务会员。最后，他朗诵了贺诗：

缘结民政二十年，一瞬师生两鬓斑。

曾谱新声抒广志，更尊朋友叙真言。

燕山品格扬风采，密水情深润世间。

引领竹枝吟雅韵，夕阳信步自轩轩。

中华诗词学会驻会名誉会长郑伯农说，段老在学生时期就是北平地下党员，为新中国的诞生出过大力。后又担任水利局、民政局局长，为北京的水利建设、民政事业都做出了自己的贡献。他领导的北京诗词学会凝聚了大批优秀人才，活动开展得有声有色。他倡导的竹枝词在全中国诗词界有很大影响，北京已成为竹枝词研究创作的中心，为传统的繁荣和发展做出了重要贡献。他低调做人，高标准做事，实事求是，默默奉献，人品与诗品俱为人所称道。中华诗词学会常务副会长李文朝在讲话中首先转达了中华诗词学会会长郑欣淼的祝贺。他对段老的诗词和人品十分敬佩，并赠送了亲自书写的条幅，条幅上贺诗如下：

敬贺段天顺老八十华诞

松龄八秩耀京师，烈火青春破晓时。

关注民生兴水利，吟坛领唱竹枝词。

中华诗词学会名誉会长刘征说：他和天顺是校友，从名字说就有缘分。刘征原名国正，他和段老的名字正好包含在一句元曲"国正天心顺，官清民自安"（《杀狗记》、《张协状元》）里边。他十分称赞天顺为诗词事业做出的贡献，特别是在竹枝词的发展上成就卓著，堪称"竹枝仙"。刘征老向段老赠送了手书"鹤寿"条幅，并朗诵了贺诗：

寿天顺学兄八十华诞

国正天心顺，姓名早结缘。

同窗晦风雨，联袂唱新天。

三五长明月，八十方少年。

不须伤逝水，君是竹枝仙。

先后发言的还有杨金亭、梁东、赵京战、晨崧、王改正、赵慧文、刘明耀、田凤兰等。很多诗友献上了诗词、书法、对联、条幅、绘画等作品，祝贺段老八十华诞。会议气氛轻松、愉快而热烈，大家共同祝愿段天顺青松不老，健康长寿！

附：部分贺诗、贺词、贺联：

杨金亭（贺诗）

蓟门长夜举红旌，理水仁民政自清。

余事变更开雅阵，竹枝新唱出燕京。

梁　东（贺联）

巫山一段云，飞落京畿，溢彩流虹，新生竹枝无垠岁月；

燕水千重韵，梦回家国，顺天应命，再造诗叟八秩春秋。

赵京战（贺诗）

八十春秋织锦屏，一丝一寸见真情。

开疏水运调诗韵，解济民生铸政声。

每自幽燕瞻北斗，还教华夏赞云旌。

竹枝长伴松枝绿，更倩梅兄祝老彭。

雍文华（贺诗）

你是何人我是谁，同城同室不相随。

天安门上旗升日，父子相知四泪垂。

晨　崧（贺诗）

南极星辉耀彩虹，良辰天顺沐春风。

耋年德韵诗操美，更仰期颐拜寿翁。

王德虎（贺诗）

少年求索经风雨，一路行吟气志扬。

鉴古竹枝来笔底，寒梅虬干寿而康。

柳科正（贺诗）

地下烽烟不顾身，城乡建设又纷纷。

栉风沐雨民纾困，旰食宵衣席不温。

燕水多情迎啸客，竹枝新撰动高吟。

黄金台畔飘旌旆，常听先生大雅音。

石理俊（贺词）

风入松

燕山廿载举吟旌，化雨沐春风。赢得三无变三有，争先进、三次功成。欣看诗朋满座，何妨白发称翁。　　竹枝斋里乐耘耕，秋色共云平。民瘼民情都关爱，把心声化作诗声。修得襟怀淡泊，依然一介书生。

赵慧文（贺诗）

自言"一介是书生"，诗笔生花人挚诚。
引领"竹枝"新浪起，京城遍唱庶黎声。

董　澍（贺联）

峥嵘岁月八秩何言老，
潇洒竹枝九州又出新。

李一信（贺诗）

神州天顺起春雷，燕舞莺歌柳笛吹。
词客诗家同展翼，竹枝古调入云飞。

李增山（贺诗）

为民功业著，本色是书生。
一管凌云笔，满腔酬国情。
滋兰杏花雨，扬帜竹枝风。
丽日江山下，相期寿百龄。

田凤兰（贺诗）

京华段老舞吟鞭，诗友歌催锦绣篇。
我唱竹枝风雅颂，琼瑶杯满寿南山。

邵惠兰（贺诗）

鹤性松龄福寿添，吟诗作赋驻童颜。

笔身双健播馨远，岁月红霞绽满天。

郑玉伟（贺诗）

青春汗雨润春苗，水利民生绩可骄。

更唱竹枝情不尽，京华诗苑领风骚。

李树先（贺诗）

诗名史笔动京师，八秩仙翁华诞期。

感慨风雄燕赵骨，歌吟韵响竹枝词。

劬劳水利泽千里，排解民忧暖四时。

满座春风清入耳，嵩衡永寿献琼卮。

纪杰尚（贺诗）

亲栽燕赵一枝香，引领吟坛新翠篁。

亮节高风仁者寿，敢调竹韵永情长。

陈莱芝（贺诗）

九州冷暖分秋色，四海胸襟系大同。

壮志桑榆飘异彩，竹枝清唱仰高风。

竹枝斋家苑

后人欲问前人事：累代书香伴素衣。

他年更待修篁起，清响盈庭礼凤池。

寄 妻

昔年曾寄《梧桐雨》，又遇今宵雨梧桐；

难忘托婴寻富国，几忧半老赴新征；

青丝初结担家累，中岁相濡度稼耕；

更待江山多丽日，倚窗共绘夕阳红。

1981年

银婚纪念

恋歌初唱天长久，犹记同吟凤钗头；

豆蔻无猜偕竹马，青枝结发束金秋；

夫妻敬业为孺子，儿女争飞展志酬；

风雨相知四十载，缠绵濡沫两白头。

1993年

为我和老伴钻石婚庆而作

老妻沉疴五载。今年以来，音容渐复。余喜而面报诸儿女，全家皆大欢喜。逢儿女为我们老夫妻举办钻石婚庆，喜吟小诗，以示谢忱。

无端轮火命悬西，幸有神医药效奇。

儿女精勤春意暖，钻石先赠老爱妻。

2013年金秋

端庄大气做长门

赠大女儿段钢

余每驻足儿女幼时照片，见长女段钢自幼端庄美丽，小大人儿般立于弟妹间。因忆及几十年来，她孝亲助幼，关爱有加。老伴早誉她为家中的"灵魂"。今年3月，值纪念老母百岁诞辰，由在京的钢、强、跃三位孙辈筹办（母亲生前抚养我的四个儿女长大成人），并两姑全家参加。纪念活动中，段钢作为大孙女讲得文情挚笃，余有深感焉！

端庄大气做长门，迤逦偕来弟妹群。

棠棣无间承祖教，分明阿姐是灵魂。

2008年6月

悟道何须上道山

赠大儿子段强

今年5月26日，《中国旅游报》刊登吴晓梅专访段强的文章，题为《万里长风破浪，十年冰心玉壶》。余读后心中释然，是我儿本色矣！遂闭目凝思，率意而写道："得大自在，行大超脱，作大手笔，乐其所哉！"然笔停之际，悠然飘进漆园夫子[①]神形，心中似有所悟，戏而口占小诗一首，赠强儿。

悟道何须上道山？天人造化觅真诠。

千年谁解庄夫子，乐读新翻秋水篇。

【注解】

①漆园夫子，即庄周。

2008年5月29日

·

画出浦江一段青

赠二女儿段跃

今年《炎黄春秋》6月号发表小女儿段跃《托派老人刘平梅》一文。文章凝重、老到，堪称"史笔"。余喜而口占绝句一首，赠跃儿。

勇赴国危不惜生，谁怜枉世作囹圄！

跃儿拎起春秋笔，画出浦江一段青①！

【注解】

①浦江，指上海。上海为1949年前中国托派领导机关所在地。

2008年6月

千字文章重似金

赠小儿子段劲

小儿子段劲自美传来纪念祖母百年华诞文章，文字简洁，感情真挚，写出祖母对这个小爱孙的厚爱深情。

千字文章重似金，一行一句寓情深。

十年历练闯加美，依旧天真"小爱孙"！

2008年8月

嘱钢、强、跃、劲四儿女

职尽京门享夕晖，庭前儿女各争飞。

后人欲问前人事："累代书香伴素衣"①。

2009年

【注解】

①素衣，淡妆也。源自鲁迅《莲蓬人》诗："扫除腻粉呈风骨，退却红衣学淡妆。"

大外孙段玉栋
赴英留学获硕士学位喜赋

都赞爱孙自幼乖，英伦今喜戴冠回。

合肥洪洞传宗久，自古家风出栋才。

2004年9月

癸未元宵节寄大孙女贝贝（斯琪）

孙女贝贝远在夏威夷读大学。情人节寄来她对爷爷奶奶的祝福，她说美国的风俗，情人节包括所有自己所爱的人。祝我们快快乐乐高高兴兴度过每一天。第二天恰逢元宵节，思念之情愈切，感而为诗。

一别漂洋去，长风带壮图。

未遑游丽岛，刻意苦攻读。

万里传佳信①，阖家喜气拂。

爹娘堆笑脸，爷奶电叔姑。

晃见儿时景，依稀入眼浮。

今宵圆月夜，思我掌上珠。

【注解】

①前些天来信说功课学习有很大进步，已获申请助学金资格。

2003年2月

勉贝贝在美考研究生

自幼眉峰蓄志锋，雏鹰初展起云程。

纵然曼岛多榛棘，一样趟平踏浪行。

2008年3日

贺贝贝考取
哈佛商学院研究生

忽报佳音喜若狂，临湖濠阁起霞光。

家山新代出巾帼，跃上龙门奔大洋。

2009年4月2日于华盛顿

勉外孙张兴

兴兴十五岁时写《相遇四十五岁的我》，被评选为全国青少年优秀征文。余每赞其少年英气，心存高远，颇寄厚望。今年将高中毕业，面临高考，望孙心切，赋诗勉之。

梦里乾坤梦里逢，绝知辛苦付躬行。

既已临门才咫尺，莫亏一篑负平生。

2003年元月

送外孙张兴赴法留学

有志丹青折不回，樊笼一跃好扬眉。

携将不羁灵犀笔，赛纳风轻带梦飞。

2005年8月30日

喜闻《新京报》
专访张兴画事，因以示孙

赛纳风轻绘智开，"新京"专访网媒台。

每思世上匆匆客，勿忘江郎八斗才^①。

【注解】

①江郎，指南朝著名文学家江淹。八斗才，比喻极有才华。但后来有"江郎才尽"之慨叹。余嘱孙警惕。

2008年8月

听小孙女甜甜（斯钰）
弹奏莫扎特名曲贺爷奶金婚

凌波一曲似飘仙，雏凤清声落喜筵。

恍惚膝前蝴蝶舞，几回随梦忆翩跹。

2003年9月

满庭芳
四美立中庭
（仿周邦彦韵）

2009年末，小孙女斯钰（甜甜）以优秀成绩考取美国纽约大学医学院。至此我家孙辈四人，个个奋发，学业卓成。喜而填

《满庭芳》词一阕，以表欣悦之情。

冬尽春来，燕台嘉树，雁行迭起清声。炫然家乐，四美立中庭。玉栋英伦取冠，复归国，朝旭方升。斯琪段，哈佛学子，门第展峥嵘。　豪情，深造地，巴黎美院，网页飞声。更幼孙佳报，医榜题名。花样年华初长，十年梦，雪羽娉婷。遥长望，"儒医济世"①，贻泽五洲同。

【注解】

①儒医济世：指先祖段秉均公，以教书行医为业，惠及乡里，乡人送"儒医济世"匾，以示表彰。

2010年元月

仿清郑板桥"咏竹"诗韵贺嘱孙辈

2013年12月13日贺外孙张兴与于施洋女士新婚庆典。兼及前来祝贺的大外孙段玉栋、石云亭夫妇和大孙女段斯琪、甘戈夫妇。见三对夫妇生机勃发，心中甚喜，仿板桥诗韵勉之。

新竹高于老竹枝，龙钟尤喜乐扶持。

他年更待修篁起，清响盈庭礼凤池^①。

【注解】

　　①南朝谢眺诗："前言翔凤池，鸣佩多清响"。礼凤池，意以贤德有为之人为学习榜样。

2013年11月10日

微信家书　致小儿段劲

二儿段劲知之：

　　年前接到你哥段强的诗。今又从微信里见到你的诗作，连续发来，颇感兴味。余以"有诗味，有潜力；多读书，勤练习"做鼓励。后又见你八姑对你的鼓励信，再见到你二姐段跃的游大峡谷诗。高兴之余，油然想起"忠厚传家久，诗书继世长"的名联古训。本想唱和两句，忽然又想起清代诗人袁枚的两首诗，觉得还是他说得好。今录之以示鼓励和共勉。

（一）

但肯寻诗便有诗，灵犀一点是吾师。

夕阳芳草寻常物，解用多为绝妙词。

（二）

爱好由来下笔难，一诗千改始心安。
阿婆还似初笄女，头未梳成不许看。

2014年8月7日
父字便笺

竹枝斋主按：

　　二儿段劲与章杰是少年时的老同学，章杰现居美国德州休斯顿，二位老友对中国古典诗词有共同爱好，常以微信切磋。

段劲与友人章杰寄赠诗

段劲：老友

儿时老友喜作诗，提笔凝神忆惜时。
忽来灵感朝闻道，后觉后悟不嫌迟。

章杰：赠段劲

三代传承百年风，赋诗咏志此中情。
沧桑磨砺文人骨，亮节高擎继世荣。

2014年8月

竹枝斋主按：

章杰诗中有"三代传承百年风"句，第一代指段劲的爷爷西侠公，有百余首诗词存世，特录两首：

段西侠遗诗（选二首）

（一）

归卧城西近月坛，霜天九月菊花残。

非慕青莲邀明月，不学霓裳入广寒。

混迹市廛成大隐，幽居僻巷即神仙。

访旧半为悲旧句，故人如悔忆船山。

【天顺注】

该诗写于父亲从北京市厂矿文化干校员工宿舍搬至西城区学院胡同53号以后不久，写给他的老同学老朋友巴小泉先生的。大约七十年代后期。

张船山，名问陶，清乾隆五十五年进士，官至翰林院检讨、御史、吏部郎中、莱州知府。享有诗名，有"青莲再世"之誉。

（二）

师兄王青芳近代木刻巨擘。所刻今古名贤，罗列半橱，自号万板楼主，自章简素洒脱、忠厚憨直，成诗一联以寄之。

一壶酒醉天应阔，万板楼成棋已残；

诗坛双眼赵鸥北，艺苑孤标郑所南；

寸锋削伐春秋笔，尺木旌扬太史篇；

才华一代齐芒砀，应领风骚五百年。

（民国）卅年秋

竹枝斋主按：

我在"微信家书"中提到"年前接到你哥段强的诗"。此诗指大儿段强夫妇为贺我和老伴钻石婚而作的一首诗。

又及，近来大儿段强以难得之闲学诗，渐成诗若干，特录两首。

大儿段强诗二首

恭祝父母亲结婚六十年（钻石婚）

相濡以沫六十载，含露滴花四季开；

再届十年康乐月，钻石还祝白金台。

大儿段强、儿媳包盼其
共拜
2013年8月15日

五十八岁生日

岁长年消鬓聚霜，痴狂不让少年郎。

常思潜做林下客，布履轻衫走四方。

2014年6月29日

竹枝斋主按：

　　我在"微信家书"中提到"你二姐段跃的游大峡谷诗"，指小女段跃与弟段劲切磋时的习作"科罗拉多大峡谷印象"。近日又得段跃习作二首，特录之。

小女儿段跃学诗二首

过鱼山访曹子建墓

　　2006年春节，与夫君亚平游山东聊城，过东阿，访鱼山曹植墓。遇雪，路面结薄冰，几经周折，终至。不料，时逢节假，墓园紧闭。轻叩扉门，守门人含笑迎出。晓之来意，即开门，扫雪，请入，未收分文。据书，汉武帝时此地便有民风淳善之誉，名不虚传。

　　墓园清凉，古树苍苍，阳光落一隅，疏疏朗朗。无游客，宜静观景物，以得其详。感慨良多，无以言表。待述之咏之，已过八年。

踏雪寻声访子建，鱼山墓落陨星寒。

诗吟七步搏一命，奇采洛神动后贤。

奈何诗赋眷人世，不肯随君葬九泉。

借问陈王谁伴与？梵音良久影自怜。

2014年初冬

访楚都遗址

辛卯年春节，我与夫君亚平、友人杨确夫妇同游荆襄古地，按互联网图索，寻至先秦楚国故都郢遗址。

未料，遗址乃乱坟茔矣！举目望之：墓冢拥挤，纸钱冥器零落，荒草凄凄。若非标牌佐证，都城迹象全无，喟然良久！

时隔数年，每忆此境，仍伤怀如昔，谨以诗句记之。

郢都宫阙早成尘，古调凄声遁迹痕。

江山故旧难识辨，一阕《哀郢》蜡边焚。

茎草不知沧浪影，春风负尽弃逐人。

劫灰重做离骚梦，裔断谁堪楚剑魂？

甲午年腊月二十六

竹枝斋主按：

　　甲午年，长女段钢六十岁，在她步入这个自得的人生年轮之际，家人以各种不同的方式为她祝寿，表达赞美、关爱、感激之情，在此特录我和小儿子段劲为段钢六十寿所作对联。

为大女儿六十岁生日而作

六十年爸妈好女儿

一辈子人间行善事

父亲母亲　甲午年秋

段劲为大姐六十寿而作

　　我姐虽已六十，在我心里永远是十八九岁的大姐。端庄美丽，坚实可靠。在此大寿之际，有感而发，写了副对联，寄之。

六十载风华，经历人间风雨

千百次奉献，温暖几家春秋

老弟　甲午年秋于华盛顿

为大女婿段昌明六十寿贺联

一代知青　神州风雨　龙马精神拼事业

大千时世　孝悌懿行　炎凉操守乐寿康

示子女

心清知进退　水理悟沉浮

示孙辈

父母心　师长情　时时在意

家国愿　有为业　事事精勤

2012.5.20

附录1：诗友赠诗选

读《新竹枝词集》呈段天顺同志

柳科正

长庆年间始滥觞，巴渝小调入华堂。

以诗存史添珠玉，异趣生情泛艳光。

燕水如斯流日夜，何人不倦写琳琅。

水经注后山经杳，谁为诸山一垦荒。

1999年6月

段天顺先生
《新竹枝词集》读后 （四首）

萧永义

（一）

千年梦得看花回，白帝城头芦笛吹。

遥见都门段学士，竹枝煮酒胜青梅。

（二）

词人岁晚欲何之，燕水燕山踏遍时。

江河未了平生愿，百丈柔情绕竹枝。

（三）

竹枝词律自纵横，意境幽深下笔平。

记否燕山新雨后，天香楼上看潮生。

（四）

熟路轻车宋与唐，闭门觅句慷而慷。

竹枝芳草情无限，何事荒原吊夕阳。

2008年3月10日

读《竹枝斋诗稿》
赠段天顺同志（二首）

李　翔

（一）

竹枝斋唱竹枝词，蓟水燕山别样姿。

唱到大洋那边去，欧风美雨入新诗。

（二）

竹枝斋倡竹枝词，薪火相传鬓有丝。

十载诗坛枝叶茂，清歌短曲遍京师。

2011年夏

《竹枝斋诗稿》读后

李葆国

诗漾晴波字耀星，京斋几度竹枝情。

百年家史证青史，一卷心声是正声。

赤子襟怀清可鉴，书生意气老尤醒。

最怜秋晚云山望，淡裹轻烟古戍营。①

【李葆国注】

①段老《云山晚望诗》：群峰迢递水悠悠，闲爱云山静爱秋。最是晚晴斜照里，淡烟轻裹古烽楼。（北京密云水库组诗之一）

读段天顺会长
《竹枝斋诗稿》感作 (二首)

黄　安

(一)

革命人家红少年，志高行德勇趋前。
流芳燕水民生路，领颂竹枝霞满天。

(二)

竹枝千曲古风扬，百丈柔情绕夕阳。
率众创新多锦绣，久随京苑广传芳。

2012年4月

读《竹枝词新唱》酬段天顺诗翁

张聚卿

南都有幸会方家，一部竹枝灿若霞。
水滴山高耀今古，清风两袖壮中华。

恭贺辛卯年春节愉快！
河南南阳　张聚卿

赠段老 (二首)

王兆义

近日，得段老天顺先生赠《新竹枝词集》。读后，耳目清新，颇受教益，不惮才浅，因有一赠。

恰逢春柳舞新姿，喜读先生绝妙词。
指点迷蒙凭慧韵，叹余何晚遇良师。

浪涌波翻稳泛槎，诗坛更喜自成家。
一生经历传神笔，化作竹枝颂物华。

【注解】

　　王兆义先生当时是黑龙江省绥化地区水利局局长，在过往北京时有诗交。

辛巳岁末读
《北京诗苑》有感奉天顺兄

朱永芳

竹枝今日双新弹，料是先锋壮志观。
宦格高标清似玉，诗风志雅逦如峦。

有情鼓瑟歌星月，无俗寻幽下马鞍。
泼墨随心播兰蕙，丹青与共逐春山。

2002年第2期《北京诗苑》

【注解】

　　朱永芳，北京著名书画家，曾任北京军队离退休书画家协会会长。

酬段老寄
《中华诗词》及述谊墨妙

倪化珺

芸笺一片劲松裁，为我蓬门意境开。
日课须吟三百首，不教风雅染尘埃。

《郢曲燕歌欲别裁》 （二首）

李丙中

（一）

郢曲燕歌欲别裁，欣闻鹤唳暮云开。
凌空振翅携风雨，尽扫征途万里埃。

（二）

紫豪朱墨玉宣裁，点染霜林雁阵开。
好景当呈风雨后，江山如许了无埃。

附录2：诗评

问渠哪得清如许，为有源头活水来

——读《竹枝斋诗稿》有感

陈祖美

　　新近出版的这部《竹枝斋诗稿》系中华诗词学会图书编著中心、北京中华典籍图书编著中心所编《中华诗词文库》中的一种。作者是北京市水利局原副局长、民政局原局长，原籍本市房山区的段天顺先生。这套精心遴选的《文库》最终将有多少部名家传统诗稿出版笔者尚不得而知，仅就已经拜读过的十余种而言，窃以为《竹枝斋诗稿》是其中令人过目难忘别具特色的一本。作者是六七十年前中共北平地下党员，曾为保卫我们生活的这座古都做出过贡献；建国后，又为偌大的北京市的水务、民政奔忙操劳，这当中作者几乎无时无刻不与千百万民众息息相通，心心相印——这便是其诗稿之所以"清如许"的"源头活水"之所在！

一

　　此《诗稿》收有1972——2009年"新竹枝词选"300多首；写于1971——2010年的"竹枝外集"，包括长篇古体诗、律诗、绝句和词共100多首，另有对联10余副（以上系创作部分）；第三部分"竹枝词散论"，既包括对于竹枝词的创作论和鉴赏论，也是为读者提供的一把打开《竹枝词》这一文体的钥匙，同样难能可贵。

　　作为此书主体的第一部分，作者在《竹枝词》之前冠之以"新"字。这个"新"字很重要，作为新时代的《竹枝词》，它与自唐朝以来的历代旧作有着许多重要区别。首先此书的题材内容是崭新的，尤其是作为压卷的"追忆1949纪事诗20首"，记得在共和国60华诞前夕读到这组诗时，不由得拍案叫绝，几欲奔走相告！这一方面是替作者高兴，更主要的是这组诗，与飞行员本人用传统诗词形式抒写翱翔蓝天感受等等作品，均堪称旧体诗词新生的楬橥。不久得知，对于这组诗予以高度评价的尚大有人在，比如山东师大袁忠岳教授称："2009年恰逢建国六十周年，是一个甲子，以此为题的诗词铺天盖地，其中让读者记住的能有几首？更不要说流传下去了。但《中华诗词》2009年10期'峥嵘岁月'栏目里段天顺的《追忆1949

纪事诗》却能吸引读者，打动读者……真事加真情，是这组诗远胜过那些宏大空泛作品的地方"。

　　此外，笔者还以为这组诗的结构布局也很巧妙——总题之下的第一首是《小序》，第二十首是《余声》，中间分"北平和谈签字"等五个标题。第三组"参加中共北平地下党员大会"中的（四）、（五）两首是："历届书生赴国难，黎明烽火继薪传。纵然前季遭摧折，又进CP四少年"、"人群惊现父容颜，跨步流星奔面前。凝对移时疑是梦，泪花湿了眼镜边。"不仅诗之正文继承了《竹枝词》语言通俗自然，音调轻快柔和等等长处，更充分发挥了传统《竹枝词》诗文搭配的体裁优势。比如对于"CP四少年"，作者注云："……1948年春，虽遭国民党特务迫害，逮捕十数名进步同学，其中有党员。但不久恢复活动。同年秋新学年开始，又增四名党员。其中三人不足18岁，王蒙仅14岁。"从而使我们得知王蒙先生不仅是当代著名作家，当年他们都是志存高远的革命少年。第五首注云："父亲段西侠，长期从事党的地下工作，在抗日战争和解放战争期间，我们海淀住家是党的地下交通站，但父亲从未向我说过。余考入河北高中后一直住校。为遵守地下党的纪律，也从未对父亲透露过我入党的事。此次大会相遇，父亲惊喜万分。"笔者读后深感这不仅是一首首令人耳目一新的竹枝词，也是极为生动感人的党史教材，今天读来格外亲切。

　　《竹枝斋诗稿》的这一诗文并茂的长处，一直贯穿到各类题材和体裁的作品之中，比如有关兴修水利的《怀柔水库雨姿》："空濛细雨弄柔丝，淡抹湖山秀丽姿；赖有东风添妙趣，轻舢拍浪破云飞。"此诗之文本固然以其清秀而壮丽的景色新人耳目，从其前后所缀文字中得知，此水库建于1958年，京密引水渠建成后，它不仅有从密云水库向京城输水的调节作用，其北侧还曾建有水上运动学校，曾是京北的一道亮丽风景。比之这道风景意义更加不寻常的是《菖蒲河纪事》诗五首和记载其今昔变化的几段言简意赅的文字："菖蒲河，是明初永乐年间建北京城时所修建。属于明皇城的东苑内河。位于天安门前的金水河以东，经北池子至南河沿的一段。""在'文革'时期和以后一段时间，该河被盖板成为一条暗河。1998年秋余邀约水利界朋友曾作探访。同年12月在北京市人大常委会议上余提出恢复菖蒲河的建议……2002年春北京市政府正式将恢复菖蒲河列入北京历史文化名城保护规划。同年组织施工，并于年内竣工。受到市民的广泛欢迎。有感而为小诗以记。"此系五首诗的总序，在第一首《东苑》诗以下记曰："明代在菖蒲河上建有富丽堂皇的建筑群。明人有诗称：'层台凌碧落，凭栏北斗齐。'入清以后这里建有多尔衮睿亲王府。清诗人吴梅村诗："七载金腾归掌握，百僚车马会南城。"多尔衮死后，以罪夺爵位，府亦荒废。"在第四首《开工》诗后记曰："昔时菖蒲河东西都有桥。西端叫织女桥（位于南长街），东端叫牛郎桥（位于南河沿）。两桥虽相隔不远，但由于中间是皇城禁地，市民要绕远路始能达到。正是'流入宫墙才咫尺，便分天上与人间。'"第五首《新姿》诗云："金桥碧水柳垂荫，闲步新河脉脉馨；大道红墙咫尺地，一川清韵涤俗尘。"此地洵为新世纪新北京的一道更加亮丽的风景！在七律中，兹以《登喜峰口长城怀古》为例，诗云："独立峰台一望遥，悠悠百代逐心潮。云横峻岭回今古，浪打残城洗旧朝。浩气每怜于少保，枕戈还待戚安辽。怆然欲酹滦湖水，起看雄师唱'大刀'。"此诗不仅选题之对景，用典之贴切，气格之豪迈，志节之高远均可称赏，而诗后之注文："1995年夏访潘家口水库，登喜峰口长城。时值抗日战争胜利50周年，喜峰口抗战62周年。《大刀进行曲》，是喜峰口抗战时流行的抗战著名歌曲。"岂不与诗之文本珠联璧合？

二

作者在其多种撰著的自序和关于《竹枝词》的

讲稿中，曾反复说过之所以选择《竹枝词》是因为它易懂、易学，束缚较少……。这既是实情，也是谦逊。从《诗稿》的第二部分看来，凡是传统诗词中的十八般武艺，作者无所不能，不仅旧体诗中的古、律、绝写得颇为地道，更值得称述的是词调（亦称词牌）的选择与题材的搭配十分得当。赏词经验告诉我们，词与诗不同，诗的标题即使随意一点，也有可能写出好诗；填词不然，倘若不是自己写来拿手的词调，或词调与题材搭配不当便很难写出中意的作品。以李清照为例，现存可靠和较可靠的《漱玉词》只有约50首，而其中堪称第一流的名篇多达十余首，比一些存词数百篇的词人的名作数量还要多，其中的关键就是所选词调适合于相应思想感情的抒发。"竹枝外集"所选词调不仅多是小令，而且几乎全是熟调（即常用词调），作者写来得心应手，且易为多数人所接受，也较适合于抒写当代的人和事。比如北京宣武区的陈为华，她在清华大学工程物理系毕业后奔赴边疆从事核工业建设，曾获国家科技奖，却因眼疾提前退休回京，担任居委会工作，失明后仍然心系居民们的冷暖疾苦，被评为市优秀党员。对这一感人事迹，作者调寄《菩萨蛮》写道："曾经大漠扶云起，红旗烂漫飘蓝宇。立志缚鹏鲲，边城风雪人。英年双目瞽，街巷帮邻属；剩将赤心花，深栽百姓家。""剩"字在这里不是多余的意思，而是"多多益善"之谓。"外集"所收词作25首，其中《巫山一段云》和《西地锦》虽然不像《浣溪沙》、《菩萨蛮》那样习见常用，但是前者写的是"访韩国济州岛行吟"，后者则是"四川汶川大地震祭礼"，词调与题材的搭配同样颇具匠心，十分得当。"外集"中的词作还有一个明显的长处是格式很规范，上下片之间空两格，一丝不苟。这原本是一个乐段所必须的停顿和现今被视为的行文转捩处，但眼下的许多书刊排版时，诗和词的版式毫无区别。规范而又好看的版面是：绝句、律诗是分联排列，一联是上下两句；歌行（包括杂体）可以接排；而词的上下片之间应予空两格。"外集"除了遵循上述规则以外，更进一步将长篇诗作加以分段，这比一段到底的长诗更便于阅读。说到长诗，"外集"中的《井冈山揽翠》、《梦游张家界》等等均堪称力作。

集句是作诗的方式之一，即截取前人一家或数家的诗句，组合成一首完整的诗。此法古已有之，最早似可追溯到西晋傅咸的《七经诗》。《诗稿》中为资深教育家、著名诗人、学者刘征先生从事教育与文学活动50年，集杜甫诗句致贺一诗，是从杜甫的五言诗，主要是长篇五古中所集。在1400余首杜诗中，其五言诗的数量亦相当可观，能够从中选出既是杜诗佳句，又很符合刘老先生的为人和为文，谈何容易！没有相当的功力和学识是作不出这等水准的集句诗的。

　　笔者还从"外集"中惊喜地发现，早在作者12岁时，有感于日寇对乡国的践踏便能登高赋诗；中经多年战乱，投身革命事业；从上世纪七十年代伊始，结合本职工作，一面勤政为民；一面发为吟咏以来，至今四十余年，相继出版了《燕水古今谈》、《燕水竹枝词》、《民苑集》、《新竹枝词集》等等多部论著。不仅在吟坛被誉为"君诗不肯等闲吟"、"辞章无愧经世用"（朱小平句），"江山指点无虚笔，文字激扬有逸篇"（陈莱芝句），在其他编著和写作方面也令人刮目相看，比如，还曾与人合作编著了《北京历代咏水诗歌选》、《京水名桥》、《松窗随笔》等。后者则堪称"外集"中的另一道景观——作者为《向往阳光》一书的出版所作贺诗有云："松窗忽忆耕耘乐，一片春阳接柳田。"这是指《向往阳光》一书是诗人挚友于国厚先生所撰，并称其"文章事业建树良多，而人品文品更为敬佩"。上世纪末，段、于与孙士杰三人，以"俞田柳"为笔名合撰《松窗随笔》，在《中华老年报》副刊专栏中连载。此举不失为三位作者以其悃诚之心献给中华老年的一曲"温馨又从容"的"夕阳红"！

三

对于《竹枝词》这一诗歌样式，有的认为它很俚俗，难登大雅之堂；有的则知难而退，对于其特有的俏丽和风趣则怯于问津。面对《竹枝斋诗稿》中风味浓郁的"新竹枝词选"，原以为这是与生俱来的北京人的专利；后来仔细拜读了此书第三部分的"竹枝词散论"，方恍然大悟，原来是"梅花香自苦寒来"！正因为作者几十年如一日，多方搜集资料，精心钻研，勤勉实践，终于在最能体现"竹枝味儿"的肯綮之处，别见功力。比如，在北京奥运会上，我国女子体操队的六名小将，除程菲20岁，其余17岁1人，16岁4人，都是"90"后出生，从而写道："水葱小将一般齐，头上光环笼发髻。谁信神州夺冠手，翩翩多是'90'妮"，写得何等的真切俏皮！又如在作者任副局长时的北京市水利局的总工程师是高振奎老先生，在建国初期高总曾主持治理"龙须沟"，疏浚北海、中南海、什刹海和后海。其后在修建十三陵水库、密云水库、京密引水等工程中主持施工技术工作。这位高总平生乐观豁达，耄耋之年逝世后，段先生一口气作了五首新竹枝词加以缅怀，其中的两首分别写道："曾捋'龙须'通'四海'，更挟雷雨锁狂洪；京都绿障堤闸美，老总从来不计功"、"未肯人间享寿

翁，飘然一去挽清风；泉台许是遭洪水，急请先生做
'总工'？"

　　拜读这组佳作，笔者不由得联想到《老子》所
云："上善若水，水善利万物而不争。""水善利万物
而不争"！功高德劭的高总工如此，段局长亦如此。通
读了《诗稿》之后，深感段先生不啻是一位读书型、知
识型的好领导，亦可谓是专家型，抑或诗人作家型的全
能好公仆！"水善利万物而不争"，这又是房山段氏家
族的家风所系——"外集"中有一首仿周邦彦韵的《满
庭芳》，词题《四美立中庭》，这是指段先生夫妇的
"孙辈四人，各个奋发，学业卓成"。"小孙女斯钰
（甜甜）以优异成绩考取美国纽约大学医学院"，为
此喜而赋《满庭芳》词一阕，其结拍云："'儒医济
世'，怡泽五洲同。"词后小注云："儒医济世，指先
祖段秉均公，以教书行医为业，惠及乡里，乡人送'儒
医济世'匾，以示表彰。""教书行医"，从"惠及乡
里"，到"怡泽五洲同"，岂不就是"水善利万物而不
争"的高风亮节！

　　敦煌月牙泉和东营胜利油田，多为诗人所青
睐，而段先生写来却别有情趣："武帝曾歌古渥洼，
神泉天马起龙沙；千佛洞里飞天舞，可有灵犀自月
牙？"、"井架林林接海澜，近如征马远如帆。客
来更似迎宾队，一蹴一扬老'请安'。"前者发人

深思，后者令人解颐。作者以其娴熟的"京味儿竹枝"，不仅写遍了全国，还将好几个大洲的异域风光和异国情调，写得令人颇有身临其境之感："船行彳亍巨浪壅，箭雨飚风阻欲倾。时有群鸥闲掠浪，最惊心处有轻松。"有谁曾将尼亚加拉大瀑布写得如此轻松？荷兰首都阿姆斯特丹，由一百多座小岛组成，小岛间有一千多座石桥，该国又以风力发电著称，而段先生的生花妙笔更为这种独特的景致锦上添花："阿姆斯特水中飘，桨声帆影绕城摇。连朝偶遇萧萧雨，花伞云遮座座桥。""平桥流水绿烟遮，牧草芊芊一望赊。三五牛犊无聊赖，闲摇短尾看风车。"

　　"竹枝词散论"堪称一组功力相当深厚的学术论文，但文中不是板着面孔夸夸其谈，而是通过征引相应的作品，或介绍民俗，或鞭笞丑恶嘴脸。读了这组论文读者可借以省却许多翻检之劳，于咫幅之中获得了不少有关《竹枝词》的丰富知识。比如，同是写元宵，符曾《上元竹枝词》云："桂花香馅裹胡桃，江米如珠井水淘。见说马家滴粉好，试灯风里卖元宵。"而另一首则是这样写的："才看沉底倏来飘，灯夕家家用力摇。卖去大呼一子俩，当时洪宪怕元宵。"（见黍谷山樵《首都杂咏》）这是说窃国大盗袁世凯当上"洪宪"皇帝以后，自知好景不长，因元宵与"袁消"谐音，要警察厅下令将元宵改称

"汤圆"。那一年店铺不敢叫卖元宵，大喊"一子儿俩"。作品虽说有点浅俗，但却讽刺得入木三分。同时这也说明《竹枝词》有着与时俱进的时代特点，哪怕浅俗一点也同样具有生命力。

　　唐朝的竹枝词主要是巴渝民歌，以后虽然流传于全国各地，但"京味儿"竹枝词则有着特殊魅力。段先生在《竹枝词与北京民俗》一文中提到宣统元年出版的《京华百二竹枝词》中有这样一首："日见梨园身价增，呼声一改旧时称。朱红笺写黄金字，雅篆高超无上乘。"这说的是京剧演员原本社会地位极低，演戏时所惯用的绰号不够文雅，比如谭鑫培叫"小叫天"，汪桂芬叫"汪大头"，杨小楼叫"杨小猴"，陈德霖叫"陈石头"，何桂山叫"何九"，黄润甫叫"黄三"等等，后来一一改为现行的大名雅号，这不失为京剧艺术迈进高雅殿堂的一种标志。对于竹枝词的这种变俗为雅的特点，《诗稿》作者既能心领神会，又有着出色的创作实践。

四

　　《竹枝词》的传统题材主要歌唱男女恋情，其中虽然不乏像刘禹锡的那种情真意切的佳作："杨柳青青江水平，闻郎江上唱歌声。东边日出西边雨，道是无晴还有晴。"但民间却流传着不少格调不高的粗俗之作,所以刘禹锡才根据屈原《九歌》对其加以改造。"竹枝外集"中以"心香祭礼"为总题和其他一些缅怀敬悼之作,虽然多系绝句和律诗,但从"自许铁肩担道义,绞刑架下亦从容"(《李大钊烈士陵园》)、"生逢战乱虎狼行,掷却头颅拯众生"(《重修马骏烈士墓》)、"将军血刃战长城,一代雄杰卧碧峰。库水有情知顶礼,年年岁岁绕碑亭"(《白乙化烈士碑亭》)、"抚碑细认英雄录,犹记儿时唤乳名"(《房山河北乡革命烈士碑亭》)、"曾经血雨战倭兵,满地黄花伴冢丛。不管天公施旱涝,幽香岁岁上盘峰"(《盘山烈士陵园》)、"噩耗飞来刺我心,几番询证果为真。多情燕水哭良仆,夜夜竹枝带泪痕"(《哭陈宝全》)……这许多过目难忘之作,不啻继承了屈原《九歌·国殇》的优良传统,为李大钊等多名"国殇"人物慷慨悲歌,也融入了《竹枝词》特有的意味,诗之末句尤为深情动人。在"新竹枝词选"中,那种为时代风云而歌,为"九八"抗洪英雄而歌,为"新奥运,新北京"而歌,为"京华敬老"而歌的与时俱进之作更是触目皆是,兹以两组友谊之歌为例:一组是赠答赓和之作《贺石理俊主编八十华诞》:"矍铄诗翁一老牛,夕阳长短任风流。亭亭京苑钟灵笔,挥洒耕耘不计秋。"石先生依韵奉答："默默平生岂敢牛？水珠落入大江流。未能电脑唯笔勤，也报天高好个秋。"另一组是《集绍棠名作兼怀绍棠》。两组诗都不失为竹枝新唱，特别是后一组所集刘绍棠名作颇为巧妙精致，用心良苦。著名作家刘绍棠少年成名，中经坎坷，英年早逝，怎不令人痛心疾首！而这组诗幸好写于刘绍棠先生之生前，曾给这位好友带来莫大的慰勉。这一切岂非段先生笔下"新竹枝词"的"专利"！

段先生对于《竹枝词》的创新，更表现在一变某些旧竹枝词的热衷于异性之爱的咏唱而为抒写家国亲情和敬业尽职好公仆。比如《诗稿》中专写京城水利战线之丰功伟绩者，从《十三陵水库情思》、《密云水库揽胜》到《菖蒲河纪事》竟有十九首之多。其中，《十三陵水库情思》其一："登高临远碧粘天，万顷晴波漾翠岚；猛忆郭公诗句好，'四山环水水环山'。""郭公诗句"是指郭沫若在十三陵水库建成后，写诗云"雄师百万挽狂澜，五载工程五月完；从此十三陵畔路，四山环水水环山。"诚然，郭老的这首诗不错，而能将他人之佳句自然而然地嵌入己作，这既是竹枝词的特长，也是"竹枝斋主"的擅场。又比如"一树桐花影扶疏，临窗拂我治水图；频频俯首如相问：'又缀青山几碧珠'？"（《窗口桐花》）"会稽名山古圣扬，未锸事业久辉煌；平生未了江河愿，携把清风拜禹王。"
（《谒大禹陵》）不是为京城水利事业鞠躬尽瘁的好公
仆，哪能写出这样的诗句？

　　以"竹枝"抒写亲情更是《诗稿》的一大特色，
前文所引父子之间的革命亲情已给人留有深刻印象，
而总题为《百年忆母竹枝歌》所精选出的12首，从
追忆年轻妈妈哼唱古曲《寒江残雪》，到养育段家的
两代七口儿孙，可谓"勤快精明内外抓，助人为乐四
邻夸。居委会里当治保，远近皆知段大妈。""段大
妈"抚养成人的"小爱孙"在美国事业有成，段先生
夫妇旅美探亲期间，享尽天伦之乐，其"旅美探亲"
诗共约20余首，其中《旅美家居餐桌打油诗》写老
伴："昔年里外忙，当今白发苍；半生瓜菜代，素馅
可称王"；写自个："三月探亲行，餐桌趣味浓；闲
来施戏笔，乐颠（儿）八十翁"；最后以《回国偶
题》总结此次赴美之行："小镇安居绿映红，天伦乐
享大洋东。暖风吹得游人醉，未肯华京做北京。"段
家有幸，两双儿女插花而生，在"新竹枝词"中写不
尽的天伦之乐，又转移到"竹枝外集"之中，以律、
绝、古体，乃至长短句写之。其中《寄妻》、《银婚
纪念》写夫妻亲情——从青梅竹马到儿女展志成材，
孙辈更胜一筹，天伦亲情得以无限延伸，特别是以
"端庄大气"云云为题赠长女，以《悟道何须上道

山》赠大儿，以《画出珠江一段青》赠能文善画的二女儿，以《千字文章重似金》赠小儿子。《诗稿》卷首所载老夫妇与第三代的合影更是一派生机，一双外孙，一双孙女，每逢学业精进一步都可以得到祖父和外公鼓励有加的赠诗，想必这比得到万贯家财更可珍贵，况且这些亲情诗无不充盈着诙谐幽默，给人以轻松愉悦之感。

总之，《竹枝斋诗稿》的亲情诗内容催人奋进，形式不拘一格，而在不拘一格之中仿佛都有一种"竹枝味儿"，换言之，是在有意无意之中作者将《竹枝词》的一些"基因"植于律、绝，乃至古诗、词作之中。笔者认为这是一种创意出新的大好事。当年苏东坡、辛稼轩致力于"以诗为词"、"以文为词"，从而大大拓展了词的题材内容，段先生"以竹枝为诗"、"以京味儿入诗"，岂不是对现今诗坛的一大贡献？

说到贡献，不妨返观一下此文的大标题。用南宋朱熹的这联富有哲理的诗句来比拟段天顺先生其人其作，并非笔者冥思苦想所致，而是在细读了有关论著后自然而然想到的。前不久中央所召开的规模宏大的水利工作会议和第十四届国际泳联世锦赛所引发的人们对于水的深度思考，我们不能不对段先生这位先行者寄予深深的景仰——约半个世纪以来，不论职分发生了多次变化，但是对于作为北京市命脉的水，段先生做出了何等贡献，不仅从《诗稿》中关于水的若干首"新竹枝词"可见一斑，而于国厚洋溢着诗情的《我说天顺》（代序）和鲁来顺翔实的《河湖不美誓不休》的采访报道，更是客观而权威的答案！

且不说作者以其耄耋之年仍担任北京地方志编撰委员会委员、《北京志》副主编、《北京自然灾害志》主编等等职务，仅以北京诗词学会会长为例，须提请注意的是这里不是单指北京市的十大区划，而是包括中央在京各单位、解放军四总部及其所属单位，以及各种行业组织、团体，范围之大、担子之重可想而知。作为这一大摊子的"班长"，堪称领导有方，能够通过各基层组织调动会员们的积极性，在高雅和健康的前提下，一方面促进了老有所为和老有所乐，另一方面引领和培养青年诗人的健康成长。这在促进社会和谐方面的贡献是不容低估的。

对于传统诗词的写作，自"五四"以来一直毁誉参半，甚至各走极端，而段先生考虑问题总是具有前瞻性，识大体。其本人的写作，哪怕在技术层面上亦不失为规范工稳，但却不赞成一味在形式技巧上下功夫，从而忽视了对作品思想内容的锤炼。他认为有人可以依据"平水韵"来写作，但更应该以普通话为依据，要紧的是不能以己之长责人之短。这类见解散见于段先生的论著和讲稿之中，话说得总是极为平和，但意见本身却很中肯，笔者颇有同感。在古代乃至近现代有人指责苏轼的《念奴娇·大江东去》不合格律；在当今竟然有人不顾作者关于上下片不同韵理由的自注，而自以为是地挖苦《蝶恋花·答李淑一》不同韵的所谓过错！殊不知，自隋唐以来，几乎每个朝代都有自己的官颁韵书，主要用于科举考试。且不说我国早已废除了科举制度，即使在经济领域也早已发出了"松绑"的呼声、政治氛围也宽松了许多，文学艺术更几乎是什么"花"都可以放的当今社会，惟独极少数人士情愿束缚在刊于数百年前某一地区的韵书（如平水韵）的权威之中，其本人虽然有不愿越雷池的自由，但不能要求别人亦步亦趋！发人深思的倒是古人在诗词创作中颇为灵活自如，甚至有"随大流"的一面，比如李清照的名句"怎一个愁字了得"，"得"是韵脚，应读作［di］，这一读法不是出自哪本韵书，也不是方言。因为在李清照稍前的钱塘人周邦彦有"何由见得"句（《六丑》），在她以后的波阳人姜夔有"几时见得"句（《暗香》），三人用的就是两宋时期的"普通话"，这基于词本来就是当代的"通俗歌曲"，写作不必那么作茧自缚，阅读更可独出心裁。记得，传统诗词界的领军人物孙轶青先生在世时，也极力提倡使用新声新韵。正是由于孙、段等先生关于传统诗词创作的指导思想比较解放和与时俱进，所以才能在各自担当着各种重要的领导职务的情况下、在很有限的业余时间内写出数量可观、思想艺术质量上乘的传统诗词作品，在理论和实践两个方面，为当今诗坛做出了非同凡响的新贡献！

——《华夏文化论坛》第七辑

吉林出版集团　吉林文史出版社

（陈祖美：中国社会科学院文学研究所研究员。）

清风入篁唱新韵

赵金九

这个题目是我读完《竹枝斋诗稿》后的感想。

《竹枝斋诗稿》是段天顺同志的一部诗集。显然，诗集的名字就昭示着他对竹枝词的偏爱。竹枝词是从民歌肌体里滋生出来的一种文人诗体，至今已有一千多年的历史了。从诗体的形式看，它和七言绝句一样，都是七言四句（也有五言四句）。不同的是竹枝词不像绝句那样，在对仗和声韵方面有严格的要求，也不拘于文辞雕饰。因此，朴实、通俗、活泼，带有比较浓厚的民歌色彩，就成了竹枝词的特点。所以，很受文人们的青睐。自唐以来，历代不少文人都有竹枝词的创作。这就形成了我国诗歌发展史上一个很另类的景观和看点。

我接触竹枝词是上世纪60年代初读大学的时候。后来因为工作关系就远离了它。10年前，王利器、王慎之、王子今编辑的一套五卷《历代竹枝词》出版后，送了我一套，我才有了接触它的机会。但由于阅读视野的狭窄，对于竹枝词的状况，我并无了解。最近在读了段先生的《竹枝词诗稿》以后，我才知道竹枝词这个古老的诗体，并没有被历史长河淹没、淘汰，它还在顽强地存活着。

段先生是位社会阅历丰富的老同志。他读高中时就参加了地下党，做过党的地下工作。解放后又长期在北京水利和民政部门做领导工作。这些工作都是和基层百姓密切相关的。这些工作也都给他提供了更多深入基层，接触实际的机会。广泛的社会阅历，深厚的生活积淀，加之他对竹枝词这份偏执的爱，特别是他在业余创作上的勤奋精神，使他这些年来在创作上取得了丰硕的成果，《竹枝斋诗稿》就是这些成果的展示。

在《竹枝斋诗稿》里有一个明显的特点，就是作者笔下的这些竹枝词写的都是新时代的新生活。而且，还都是他有着切身感受的新生活。如：作者在写他从事地下活动的竹枝词里，有两首是写1949年在北平和平解放前夕，全市三千多名地下党员大聚会，因为保密的需要，从事地下工作的同志都必须要更名改姓。现在，革命胜利了，这个假名不需要了，又可以使用旧名字了。他写到：

口信飞传送喜风，三千踊跃会南城，相逢把臂无多语，不唤新名唤旧名。

作者的父亲是老党员，长期从事地下工作，他家就是地下联络站。可是，家里人谁也不知道，作者高中时也参加了地下党，家里人也都不知道。在这次地下党员的大会上，作者突然见到了父亲。这是多么富有戏剧性的场面！

人群惊现父容颜，跨步流星奔面前。凝视移时疑是梦，泪花湿了眼镜边。

作者在写他参加开国大典的竹枝词里，有一首写道：

"一声新中国成立，泪涌天安金水桥"。

另一首是：弱国人民世代贫，百年沦落苦呻吟。谁人识得今朝泪，雪洗神州屈辱魂。

在《竹枝斋诗稿》里，写北京水利建设和民政方面的竹枝词更多。如：《小水电站》

背倚青山傍浅洼，朝迎旭日晚披霞。借得一缕清溪水，直把水花变电花。

《敬老院为孤寡老人举办婚礼》：

新事新风新主张，休笑翁姬老来狂。七十也兴黄昏恋，剃须染发做新郎。

这些诗写的都很平实，很通俗。这里绝没有一点矫饰与矫情，也没有任何造作与卖弄。但因为写的都是作者的切身感受，所以，诗里蕴含的思想和表现出来的情感，都让读者感到真实、亲切。"不唤新名唤旧名"，"泪花湿了眼镜边"，"泪涌天安金水桥"，从这些朴实无华的诗句里，我们感受到的却是作者内心深处涌动着的激越、澎湃的情怀。此时此刻，也只有为新中国的诞生舍生入死奋斗过的人，才能发出"谁人识得今朝泪"这样由衷的深切的感慨！这是带着血和泪的感慨！我们读着"直把水花变电花"、"剃须染发做新郎"的诗句时，感受到的不仅仅是变化了的新生活，更感受到作者对这些生活的变化，所秉持的那种既欣赏又自豪的情怀。

用竹枝词反映崭新的现实生活，对于传统意义上的竹枝词无疑是个深刻的变化。传统意义上的竹枝词在反映社会生活内容方面，固然也有写离情别恨的，讽喻政事的，寄托乡思的。但是，就其总体倾向来说，它还是以反映地方民俗风情为主的。因此，这个变化极大地拓展了、丰富了竹枝词反映社会生活的范围和内容；拉近了这个古老诗体与当今读者在认知和情感方面的距离；为竹枝词在现在社会条件下的生存和发展，注入了新的生命活力。

用竹枝词来反映身边、眼前的现实生活，我们的前人也已经关注到了这个问题。我曾经看到过清朝道光年间，王士恒写的几首河工竹枝词。其中有两首是：

巨万朱提已发来，缘何购料尚徘徊？徒知利析秋毫计，谁念寒威日渐催。

手足胼胝备趁多，坠肤裂指奈寒何？纵然官吏勤催督，日短工长任谴诃。

前一首写的是工程的腐败。国家已经把巨额工程款拨下来了，工程却拖延着。因为银子被有关方面拿去谋取私利了。后一首是写河工们的艰苦生活和消极怠工情绪的。可见，用竹枝词写现实生活已经有人尝试过了。

《竹枝斋诗稿》里，还有一个明显的特点，就是不少竹枝词都表现出了一种浓郁的生活气息和生活情趣。如：

水文站

青砖小院栅门斜，量雨测风站当家。
捡得余暇种菜圃，一畦扁豆一畦瓜。

柳荫湖即景

曲径幽花柳参差，疏篱小院别容姿。
"知鱼廊"下多童趣，时有群孩戏藻池。

红螺寺紫藤鸡松

一架松藤半亩荫，交柯翠盖紫萝氲。
纵然风雨千年后，尤是缠绵旧侣人。

【注解】

北京红螺寺有一株紫藤萝，紧紧缠绵着一棵古松，虽已千年，依然枝繁叶茂。

　　《皇城旧事》是作家袁一强的一部很有影响的长篇小说，写的是旧北京的民俗风情。作者曾用竹枝词的形式给书中主要人物一一画像。其中一首是写老杠夫老刘头的，老刘头曾顶过皇杠，抬过亲王和袁世凯，常以此为荣，沾沾自得：

　　莫道杠夫是末流，双肩抬走帝王侯。刘头最喜津津道，皇杠亲王袁大头。

　　这些诗里都流露出一种浓郁的生活气息和生活情趣。这无疑都增加了诗的可读性。生活气息和生活情趣应该是文学作品不可缺少的一个基本元素。因此，有没有浓郁的生活气息和生活情趣，也是文学作品能不能感染读者的一个重要因素。可是，我们却不是在所有文学作品里都能感受到这些的。这里既有一个作者感知与感悟生活的问题，也有一个作者在审美情趣方面的追求问题。浓郁的生活气息和生活情趣原本就是民歌固有的特色。竹枝词既然是从民歌肌体里衍生出来的诗体，民歌生命里的这个基因，理应在竹枝词里得到传承。因此，我们可以看出作者也是颇得竹枝词内中三昧的。

2013年3月29日

　　（赵金九：著名作家，曾任北京市文联副主席、北京作家协会党组书记。）

试析《竹枝斋诗稿》中的京味

张桂兴

近几年，北京诗词学会着力竹枝词的普及、推广、提高工作。通过开展竹枝词讲座、在《北京诗苑》上开辟竹枝词专栏，汇编竹枝词集，召开专题理论研讨会，出版《竹枝文汇》文集等，使竹枝词的创作有了长足的发展，已成为北京诗词学会的一个品牌。在全国诗词界、特别是广大竹枝词爱好者中，引起了较大反响。这种局面是与段天顺先生，这位大力提倡竹枝词的带头人的努力分不开的。为了促进竹枝词的发展，年初他又提出了"京味竹枝词"的课题。在创作实践的同时，号召大家作些理论上的探讨研究，以促进竹枝词创作的繁荣。

京味竹枝词，除了竹枝词的一般特征外，关键的是要有京味。什么是京味？当我再次翻开《竹枝斋诗稿》细细品读时，从中嗅到了那浓浓的京味：即京事、京人、京腔、京景等。

一、京事

竹枝词长于纪事，以诗存史。这在《竹枝斋诗稿》（以下简诗稿）中有大量的记述北京历史事件的诗作。其中"追忆1949纪事诗"20首尤为突出。如北京和平解放，在欢迎人民解放军入城式中写道：

（一）

倾城翘首望云霓，老少欢呼夹道齐。

欲睹雄师啥模样，美式武器厚棉衣。

（二）

百姓欢腾心气高，行军两侧涌歌潮。

兴来更有少年仔，爬上军车特自豪。

解放军入城是一个大题材，大场面。而作者截取的是解放军的武器是缴获国民党军的美式武器，着装是厚棉袄。在欢迎的百姓中，少年仔爬上军车的兴高采烈的样子，是作者敏锐目光捕捉到的一个镜头。把那个特殊年代、特别场景惟妙惟肖地呈现在读者面前。诗稿中有记述作者在八中读书时诸多小事：

窝头咸菜涮锅汤，学子莘莘体弱黄。

纵有当局施救济，只充半饱哄饥肠。

因饥饿而面黄体弱的学子，也只能用窝头咸菜和涮锅汤来哄如鼓的饥肠了。以诙谐的语言讲了一个真实的故事。

作者曾在水利局工作，他对北京的水利建设和发展有深厚的感情，在诗稿中有许多记述北京水利建设的场景。当红墙内的菖蒲河在作者力谏后终于揭开了盖子，变成一个秀丽的小公园时，他写道：

金桥碧水柳垂荫，闲步新河脉脉馨。

大道红墙咫尺近，一川清韵涤俗尘。

从中可看到作者掩饰不住内心的喜悦。北京的事，又如奥运会、天安门、金水桥咏史等等，通过这一件件的大事小事，体现了独有的北京特色。

二、京人

最能体现京味的是北京的人。身边的人、社会的人，大大小小的人物，在诗稿中有骨头有肉活灵活现，仿佛就站在你面前，大家可能都读过他参加中共北平地下党员大会中写的一首诗：

人群惊现父容颜，跨步流星到面前。

凝对移时疑是梦，泪花湿了眼镜边。

父子同是北平地下党员，却互不知晓。会上相见内心的波澜顿起，有多少文字都难能描述那一刻的心情。作者用"跨步流星""凝对""泪花"生动地描述了那生动的场面和主人翁复杂惊喜的心情。在诗稿中他写家里的人，社会的人，写奥运的金牌得主，写身边的人，写名人，也写小人物。突出展现北京小人物的作品应看他为袁一强民俗小说《皇城旧事》写的16首竹枝词。《皇城旧事》是一部反映旧京城底层社会杠业生活的长篇小说。那些小人物在作者笔下活灵活现，如老刘头：

莫道杠夫是末流，双肩抬走帝王侯。

刘头最喜津津道，皇杠亲王袁大头。

这个从事30多年杠业的人，因抬过亲王、袁世凯而津津乐道。张秃子当上了门墩，如同门口石狮子一样钉在那里，是一个很讲义气的人。

张口粗俗痞气浓，敢将侠胆付平生。

为解二香悬梁索，天下谁人不动情。

虽然粗俗一身痞子气，但也有一颗侠肝义胆解人危难的善良心肠。肖天兴是杠业行当中的精明人，不到四十岁就当二掌柜有些年头了。他与一个叫胡玉娟的女子有私情，后听说胡为了抗婚出家当尼姑了。有一天小尼姑送给肖天兴一个手绢包，打开一看有一副断成两半的手镯，正是他送给胡玉娟的。这段凄楚的故事作者写了二首竹枝词：

（一）

心计精明胆识新，纵横杠业几沉沦。

无端最是中秋月，空惹佛门遗恨深。

（二）

几度中宵忆旧欢，佛门月色正清寒。

纵然玉钿温如许，破碎情根已木然。

两个小人物的悲欢离合跃然纸上，老北京社会底层的人物和生活以及私情都栩栩如生。

三、京腔

每个地方都有自己的方言俚语，发音、语调各异，称谓习惯不同。普通话虽以北京话为基础，但亦有差别。京语、京腔、京韵就构成了京味竹枝词的一大特色。

天安门金水桥咏史

翠带环流出禁城，天安门外玉桥横。

分明一面盈盈镜，鉴古凭今记废兴。

其中"盈盈镜"，是典型的北京方言。写飞人波尔特时：

　　飞人群出何门道？媒体纷传各有调。

　　小波阿爹有一说，"自幼就爱吃山药"。

　　"门道"即其中有奥妙、有故事、有原因的意思，北京人说到某一件事情或有疑惑时，常说这里有"门道"。"有一说"也是北京的方言，还存在别的说法，有其他的内容，要探个究竟的意思。在题我国女子体操冠军集体照时写到：

　　水葱小将一般齐，头上光环笼发髻。

　　谁信神州夺冠手，翩翩多是"90妮"。

　　在写全聚德烤鸭店时写到：

（一）

　　一架挑杆六尺长，鸭坯飞起入炉膛。

　　炙得香酥皮儿脆，犹带微微果木香。

（二）

　　不灭金炉越百年，试询诀窍几多般。

　　精明老总传经道："鸭好人能话儿甜"。

其中的"90妮""皮儿脆""　话儿甜"都是北京的"儿"话音。儿话音在北京的言谈话语中非常普遍，故此融入到诗中，平添了鲜明的地方色彩。

四、京景

天顺先生这一位老北京，自然对故乡山水、名胜、生活场景、城乡变化有很深的感受。因此在诗稿中有大量的描述。他从过去的老北京写到开国大典；从天安门写到长城；从密云水库写到延庆灌区；从京都第一瀑写到香山"鬼见愁"；从过去社会生活场景写到现在城乡变化以及人们的精神风貌等等，北京那点事儿，在作者的笔下，都有了灵气。

开国大典

艳阳高照彩旗飘，人气沸腾接碧霄。

一声新中国成立，泪涌天安金水桥。

十三陵水库

登高临远碧粘天，万顷晴波漾翠岚。

猛忆郭公诗句好，"四山环水水环山"。

除此之外，北京的名胜古迹、老字号、名小吃、民俗等，都成为京味的要素，构成了京城的绚丽多彩，这些在诗稿中都有生动描写。不一一赘述。

　　段天顺先生在《我与竹枝词》一文中，曾写到竹枝词的四个特点：一、语言流畅，通俗易懂；二、格律宽松，雅俗共赏；三、格调明快，诙谐风趣；四、广为纪事，以诗存史。京味竹枝词除了具备以上四个特点之外，就是极具北京地方色彩的京味。

　　京味是什么？有多浓？大家细读细品《竹枝斋诗稿》就有了答案。

　　我在纪念北京诗词学会成立20周年时曾写过一首小诗作为本文之结：

　　　　起笔狂飙燕赵风，放歌洋溢竹枝情。

　　　　若寻诗意醉人处，细品方知京味浓。

2015年春

（张桂兴：现任北京诗词学会会长。）

一枝一叶总关情

——读段天顺先生《竹枝斋诗稿》

陈殿强

读段天顺先生的《诗稿》，读着读着总会浮现出这样的诗句："一枝一叶总关情"。我在段老领导下工作过，这种感觉就更深。

段老16岁即加入中国共产党，后又长期在北京市水利和民政部门做领导工作，可以说是典型的政府官员。但是他在繁忙的学习和工作之余，养成了吟习诗词、寄意竹枝的习惯，离休前即出版了《燕水古今谈》、《燕水竹枝词》、《民苑集》、《新竹枝词集》等著作。离休后，又主持北京诗词学会工作近二十年，出版了《竹枝斋诗稿》。大半生的诗词吟唱，和谐了家庭，涵养了事业，丰富活跃了北京诗苑。我以为：问君何能尔？唯有用真情。

段老12岁看到家乡遭日本侵略者践踏，民不聊生，不禁满怀悲愤，触景生情拈出小诗一首：

十月登高秋意迟，寒蛩哀唱动地悲，古刹西风凄且紧，霜林如火欲燃时。

诗可以兴，可以观，可以群，可以怨。他少年时即体悟到了其中三昧，唱出了对家乡的深情。少年时诗歌的种子随着诗人的成长生根长叶，长成了繁茂的大树，一枝一叶显示着他热爱人民，热爱生活的涓涓之情。

段老在水利局曾写下《窗口桐花》：

一树桐花影扶疏，临窗拂我治水图，频频俯首如相问，"又缀青山几碧珠？"

读此诗一定会看到一位水利工作者站在窗前，充满豪情、谋划治山治水的新篇。这种豪情一直激励着他，为此他走遍了北京的山山水水，为保护河湖水系这一城市的肺而奔忙。段老在民政局为民政工作者写下了众多的诗篇，其中有一首《荆梢花》：

瘠土坚岩自在开，艰辛无意惠青睐；野开野落甘寂寞，乐予蜂群酿蜜材。

诗中浸满了对民政干部的深深爱意。你把人民放在心上，人民就会把你举过头顶，这种感情使段老在民政工作方面成绩斐然。

段老主持北京诗词学会工作以来，学会诗词爱好者愈来愈多，诗词水平愈来愈高，得益于段老对事业总有一份执着的爱，更得益于他活到老、学到老，学而不倦的精神。有一首《读〈船山诗草〉》："学诗重在悟心旌，意象千般养性灵。读罢'船山'擦浊眼，'名心退尽道心生'"。体现了他的学养和胸襟。

家和万事兴，家庭幸福是事业发展的基础。段老的许多诗作体现了这一内容，充满了生活的情趣。他在旅美家居时用餐桌打油诗与儿女调侃，使人看到了一个惬意、自得的老先生。

写儿子：

烹调多面手，煎饼堪专有；绝技花生仁，神仙二两酒。

写女儿：

跃儿做菜香，众筷抢先尝；牛腩味更美，三月绕房梁。

写自己：

三月探亲行，餐桌趣味浓；闲来施戏笔，乐颠八十翁。

段老先生的诗词引人入胜的妙处很多，总之离不开一个"情"字，情中见才华，情中见眼界，情中见风骨，情中见良知。读之，思之，余香在口，润身，润心。

2014年3月

（陈殿强：原北京市人大常委会干部。）

祝颂诗中有芳草

郑玉伟

　　所谓节日诗之类的祝颂诗词，由于在"文革"时期的大肆泛滥，草苗混杂，良莠难辨，因而长期以来被一些人所不屑，一概贬之为标语口号、陈词滥调。然而现实需要祝颂诗，它是社会生活中的一种客观现象，你不想见到它，它却像"野火烧不尽"的春草一样，随时随处而生长，不以人们的意志为转移，所以，一概排斥是无济于事的。如果你把眼皮耷拉耷拉，去接触接触，说不定会发现祝颂诗中有芳草呢！本期庆祝学会成立十周年的诗中就有不少芳草，我们不妨赏析一下段天顺先生的一首七绝：

　　　　十年磨杵绣吟旌，八百银针织凤城。

　　　　今见斑斓迎日起，琅嬛门外锦云平。

　　首句"十年磨杵绣吟旌"，用典简明生动，不说学会十年创业多难多苦，只说"十年磨杵"，即在十年风风雨雨中将铁杵磨成了绣花针，其难其苦很自然地跃然纸上。绣吟旌，是指十年磨杵的目的，是为了将传统诗词的锦旗绣得更美。"八百银针织凤城"暗喻八百会员像八百银针，用彩丝彩线精心编织着都城文化的一幅壮美画卷。第三句"今见斑斓迎日起"，以"斑斓"借学会十年成就，或者说借学会会员们创作的越来越多的美诗佳句，这些五彩斑斓的宝石，正在云霞缭绕的旭日下熠熠生辉。"琅嬛门外锦云平"，这末句中的"琅嬛"，神话里指天帝藏书的地方，这里可借指首都的图书馆等文化设施，还可引申为泛指首都文化；并再次以"锦云"象征学会的成就或会员们的创作，像锦缎一样的彩云，为首都文化建设增添了又一道风景线。

　　这首诗通篇设喻，以杵、吟旌、银针、斑斓、琅嬛、锦云等意象激发人们的联想，令人回味无穷，给人以含蓄美；丝毫没有标语口号的痕迹，也没有取悦于人的媚语；虽然用典，却不艰涩；读之上口，思之隽永，不失为祝颂诗中的芳草。我想对祝颂诗持全盘否定态度的人们，应因势利导，在普及和提高上下功夫，只有提高初学者的创作水准，才会出现"祝颂诗中多芳草"的喜人局面。

1998年7月1日

（郑玉伟：北京诗词学会副会长。）